기후위기와 AI 토지피복

AI문고

인공지능 시대입니다. 기계가 인간의 인지를 대신하고, 사물이 인간을 통하지 않고 다른 사물과 직접 커뮤니케이션합니다. 이에 따른 인간 삶과 문명 변화를 정확히 이해·예측·대응하는 것은 이 시대 우리 모두의 과제입니다. AI문고는 인공지능 기술과 환경의 여러 주제를 10가지 키워드로 정리합니다. 관련 개념과 이론, 학계와 산업계의 쟁점, 우리 일상의 변화를 다룹니다. 인간과 기술의 현재, 미래를 세심히 분석합니다.

일러두기

- 인명, 작품명, 저서명, 개념어 등은 한글과 함께 괄호 안에 해당 국가의 원어를 병기했습니다.
- 외래어 표기는 현행 어문규정의 외래어표기법을 따랐습니다.

처음이세요?

전문가세요?

기후위기와 AI 토지피복

문혜정

대한민국, 서울, 커뮤니케이션북스, 2025

기후위기와 AI 토지피복

지은이 문혜정
펴낸이 박영률

초판 1쇄 펴낸날 2025년 6월 27일

커뮤니케이션북스(주)
출판 등록 2007년 8월 17일 제313-2007-000166호
02880 서울시 성북구 성북로 5-11
전화(02) 7474 001, 팩스(02) 736 5047
commbooks@commbooks.com
www.commbooks.com

ISBN 979-11-430-0242-6 03500

책값은 뒤표지에 표시되어 있습니다.

차례

지구의 MRI, 토지피복

토지피복의 개념

토지피복(Land Cover)은 지구 표면이 산림, 초지, 농경지, 도시, 도로, 수역 등 어떤 물리적 물질로 덮여 있는지를 나타내는 공간 정보 개념이다. 이는 인간의 활동 또는 자연환경에 따라 시기마다 달라지며, 특정 시점에서 지표면의 상태를 객관적으로 표현한다. 토지피복은 위성이나 항공기에서 촬영한 원격 탐사 영상을 분석해 추출하며, 공간 정보 중에서도 시간의 흐름에 따른 시계열 분석이 가능하다는 점에서 핵심적인 역할을 한다. 토지피복은 종종 토지 이용(Land Use)과 혼동되지만, 전자는 관측 가능한 지표의 '겉모습'을, 후자는 인간의 이용 목적을 나타낸다는 점에서 구별된다.

토지피복 정보는 기후 변화, 생물 다양성, 수질, 대기질 등 다양한 환경 요소에 영향을 주며, 이산화탄소 흡수, 도시 열섬 형성 등 지구 환경 변화의 원인과 결과를 해석하는 데 중요한 단서가 된다. 과학자들은 이러한 데이터를 활용해 환경 변화를 감시하고 미래를 예측하며,

도시 계획, 재난 관리, 자원 보존 등 여러 분야의 정책 결정에도 활용하고 있다.

토지피복 기술의 기초 지식

토지피복 기술이란 먼저 땅 위에 무엇이 덮여 있는지를 위성사진이나 항공사진을 통해 판별하고 시각화하여 보여 주는 것을 말한다. 예를 들어 숲, 도시, 도로, 논, 밭, 물 같은 다양한 지표면의 상태를 구분하는 것이다. 과거에는 사람이 사진을 눈으로 보고 해석했지만, 지금은 컴퓨터가 자동으로 분석한다. 이 기술의 핵심은 빛을 숫자로 바꾸는 방식에 있다. 인공위성은 지표면을 작은 조각(픽셀)으로 나누고, 각 픽셀이 반사하는 빛의 양을 측정한다. 이때 하나의 픽셀이 실제 땅에서 차지하는 크기를 해상도라고 하며, 예를 들어 해상도가 1m라면 픽셀 하나가 가로 1m × 세로 1m 면적을 의미한다.

인공위성은 눈에 보이는 빛인 가시광선의 대표적인 세 가지 색인 가시광선 RGB(Red, Green, Blue)뿐만 아니라, 식물이 잘 반사하는 근적외선(NIR, Near Infrared) 등 보이지 않는 빛도 함께 측정한다. 이렇게 수집된 빛의 정보(스펙트럼)는 띠(밴드)를 형성하고, 이 밴드별 빛의 강도를 숫자 값으로 변환하여 각각의 픽셀에 저장한다.

컴퓨터는 이 숫자를 분석해 숲, 농지, 도시 등 각 토지피복의 고유한 빛 반사 특성을 식별하고, 이를 바탕으로 지도처럼 토지 상태를 분류할 수 있다. 결론적으로 토지피복 기술이란, 위성사진의 빛 데이터를 각 픽셀 단위로 수치화하고, 이를 컴퓨터가 분석해 땅 위의 상태를 자동으로 구분하여 다양한 분야에 활용하는 기술이다.

토지피복의 역사

토지피복 개념은 20세기 중반 정찰 위성 기술의 발전과 함께 군사적 목적으로 등장했다. 냉전 시기 미국은 지표면 변화, 농업 생산량, 군사 기지 등을 감시하기 위해 위성 영상을 활용했고, 이 기술은 이후 민간으로 이전되었다. 1972년 미국이 랜드샛(Landsat-1) 위성을 발사하면서 토지피복 영상은 환경 감시와 자원 관리 목적으로 본격 사용되기 시작했다.

유럽환경청 EEA(European Environment Agency)는 환경정보조정 CORINE(Coordination of Information on the Environment) 프로젝트를 1985년에 착수해 토지피복 정보를 체계적으로 수집·분류하는 기준을 정립했다. 이 사업은 산림 감소, 도시 확산, 농지 변화 등 유럽 전역의 환경 변화를 통합적으로 감시하기 위한 것으로,

토지피복이 단순한 지표 분류를 넘어 인간 활동의 영향을 보여 주는 증거로 기능하게 된 계기였다. 이후 토지피복 정보는 유럽연합의 환경 정책 수립과 지속 가능성 평가에 핵심 자료로 활용되었다.

한국에서는 1998년 환경부가 남한 전역에 대한 대분류 토지피복 지도를 구축하면서 국가 단위의 토지피복 정보 생산이 시작되었다. 현재 토지피복은 다중 센서 위성 영상, 인공지능 기반 분류 기법 등과 결합되며, 기후 변화, 도시 팽창, 산림 파괴 등 다양한 지구 환경 문제를 관측하고 해석하는 핵심 도구로 활용되고 있다. 군사 감시 목적에서 출발한 기술이 기후위기 대응의 중심 자원으로 전환된 흐름은 토지피복 연구가 지닌 사회적 의미를 잘 보여 준다.

토지피복 기술의 역할과 환경 보호

토지피복은 지표면의 상태를 기록하고 감시하는 공간적 증거 자료로, 위성 영상, 항공사진, 드론 영상 등을 통해 특정 시점의 지표 상태를 정량적으로 저장한다. 이 정보는 단순한 지도 제작을 넘어 시간에 따른 변화를 추적할 수 있게 하며, 산림 감소, 도시 확장, 경작지 이동 등 지표 변화의 흔적을 담고 있다. 동시에 토지피복은 지표 활동을 감시하는 수단으로도 기능한다. 인공위성과 같이 원격 탐사로 반복 관측이 가능해 사람이 접근하기 어려운 지역의 불법 개발, 산림 훼손, 기후 변화로 인한 변화를 실시간으로 탐지할 수 있으며, 이러한 감시는 일정 수준의 억제력과 환경 질서 유지에 기여하는 제어 기능을 갖는다.

무엇보다 토지피복 기술은 MRI처럼 지구의 건강 상태를 진단하는 첨단 시스템으로, 삼림 파괴, 도시화, 농지 확장 등 생태계 변화를 감지한다. 이 기술은 환경 회복이 필요한 지역을 파악하고 재조림, 습지 복원 같은 구체적 치료 방안을 제시한다. 또 환경 복원 사업의 효과를 객관적으로 모니터링하고, 미래 환경 위험을 예측해 선제적 대응책을 마련할 수 있게 한다. 토지피복 기술은 단순한 기록 도구가 아닌 지구 환경 관리를 위한 종합적인 헬스케어 시스템인 것이다.

토지피복은 기후 변화 시대의 증거

토지피복 정보는 기후 변화 시대에 단순한 지표 감시 도구를 넘어, 탄소 배출의 증거를 기록하는 기능으로 확대되고 있다. 숲, 논, 초지 같은 자연 피복은 이산화탄소를 흡수하는 탄소 흡수원으로, 도시, 산업 지역은 탄소 배출

원으로 작용한다. 위성 영상 기반 토지피복 분석은 이러한 피복의 공간적 분포를 정량화함으로써, 특정 지역의 탄소 흐름을 시계열로 추적할 수 있다. 그 결과 국가별 온실가스 인벤토리 구축이나 탄소세 부과 같은 정책의 과학적 근거가 됐다.

기후 변화로 인한 산림 감소, 도시 확장, 농지 축소 등은 토지피복 분석으로 정확하게 감지할 수 있다. 예를 들어, 산불, 벌목, 재조림 등의 활동 결과는 일정 기간의 토지피복 변화로 나타나며, 도시의 확산 경로와 속도도 연속 촬영 영상에서 파악할 수 있다. 이러한 변화는 생물다양성 저하, 열섬 현상, 미세먼지 증가 등 다양한 2차 환경 문제를 유발하므로, 조기 감시와 대응을 위한 핵심 지표가 된다.

또한 토지 이용 변화는 기후 변화의 원인과 결과를 연결하는 실질적 단서로 작용한다. 사막화 지역의 관개 농지 확대, 해수면 상승에 따른 해안선 변화, 건조 지대의 농지 포기 현상 등은 모두 피복 변화로 나타난다. 토지피복은 그 자체로 기후의 영향을 기록하고, 동시에 기후를 변화시키는 인간 활동의 흔적이 되므로, 기후 변화를 설명하는 공간적 증거로 기능한다. 토지피복은 단순한 감시 기능을 넘어, 기후 변화를 추적 · 예측하고 효과적으로 대응을 가능하게 하는 핵심적인 기후 대응 기술인 것이다.

토지피복의 활용

토지피복 정보는 다양한 공공 정책과 환경 대응 전략의 기반 자료로 활용된다. 산불 발생 전후의 식물의 집단인 식생(植生) 변화는 위성 영상 기반 토지피복 분석을 통해 정밀하게 감시되며, 연소 범위 추적과 피해 면적 산정에 사용된다. 이는 산불 대응뿐 아니라 사후 복구 및 재조림 정책 수립에도 직접적인 영향을 미친다. 특히 매일 또는 5일 간격으로 촬영되는 고주기 영상 자료는 산림 지역의 실시간에 가까운 감시 체계를 가능하게 해, 조기 대응 능력을 크게 향상한다.

도시 계획 분야에서도 토지피복 데이터는 핵심 자료로 쓰인다. 도시 경계의 팽창, 농지나 초지의 감소, 녹지의 단절 현상 등은 다른 시기에 촬영된 여러 토지피복 자료를 분석해, 도시의 난개발 방지, 녹지축 연결 계획, 스마트 시티 구축 등과 같은 계획적 개발에 활용된다. 자연재해 대응 측면에서도 홍수, 산사태, 가뭄 등 기후 변화로 인한 재해 위험 지역의 토지 특성과 변화를 파악해 사전 대비가 가능하다.

최근에는 ESG(환경 · 사회 · 지배구조) 경영과 탄소 중립 이행을 감시하고 검증하는 데에도 토지피복 정보가 활용된다. 특정 기업의 산림 훼손 여부, 보호 지역 침해, 온실가스 배출 유발 행위 등을 위성이나 항공 영상을 이용하여 객관적으로 확인할 수 있다. 또한, 국제 협약과 기후 협상에서 요구하는 감축 실적 검증에도 필수 데이터로 사용되며, 책임 소재를 입증하는 도구가 된다.

2025년 1월, 미국 캘리포니아주 로스앤젤레스에서 3주 이상 지속된 산불은 2500억~2750억 달러 규모의 막대한 피해를 냈고, 같은 해 3월 한국 의성 · 안동 등에서 발생한 경북 지역의 산불은 피해 면적이 서울 면적의 80%에 달하며, 1만8천여 명의 이재민이 발생했다. 이러한 대형 재난으로 인해 토지피복 변화 감시의 중요성이 다시 한번 부각되었고, 이제 피복 정보는 단순한 연구 도구나 정보 제공 수준을 넘어 기후위기 시대에 중요한 사회 안전망 역할을 수행한다.

지구 시민을 위한 독서

토지피복을 이해한다는 것은 단순히 공간 정보 기술을 배우는 일이 아니다. 그것은 기후위기 시대에 필요한 감시 감각과 책임 의식을 갖춘 지구 시민으로 성장하는 과정과 직결된다. 위성 영상, 드론, 인공지능 등 첨단 기술을 통해 지표의 변화가 실시간으로 기록되고 해석되는 지금, 그 기술은 전문가만의 전유물이 아니다. 토지피복 데이터는 이미 공공 데이터로 개방되고 있으며, 누구나 접근하고 해석할 수 있는 환경이 만들어지고 있다.

이러한 변화 속에서 우리는 '시민 과학자'로서의 역할을 요구받는다. 기후 변화, 산불, 개발, 탄소 배출은 점점 더 우리 삶의 가까운 문제로 다가오며, 이를 감시하고 대응하는 힘은 기술을 이해하고 활용할 줄 아는 시민으로부터 비롯된다. "감시자 없는 사회는 망한다"는 현대 감시 윤리의 명제처럼, 데이터와 기술을 읽을 줄 아는 시민의 존재는 민주주의와 환경 정의의 핵심 기반이다.

따라서 이 책은 토지피복 기술을 '사용'하는 방법보다 그 데이터를 어떻게 '해석'하고, 사회적 질문으로 '연결'할 수 있는지를 안내하고자 한다. 학생과 시민이 토지피복 정보를 이해하는 능력을 갖출 때, 우리는 공간을 읽고, 책임을 추적하며, 변화를 요구할 수 있다. 그것이 이 책이 기술을 넘어, 지구 시민의 눈으로 지구를 읽고 개척해 나가는 방법을 함께 배우고자 하는 이유다.

이 책의 1장은 토지피복의 기초기술을 소개하고, 2장은 관련 제도와 규제를 설명하며, 3장부터는 분야별 사례를 다룬다. 특히 2장은 규제와 법제 중심이라 다소 어렵게 느껴질 수 있으므로, 1장을 읽은 후 3장 이후의 관심 분야부터 먼저 살펴보는 것도 흥미로운 독서 방식이 될 수 있다.

자주 나오는 약어 목록

근적외선(NIR, Near Infrared).
기후변화에 관한 정부 간 협의체(IPCC, Intergovernmental Panel on Climate Change).
녹색정규식생지수(GNDVI, Green Normalized Difference Vegetation Index).
농업·임업·기타 토지 이용(AFOLU, Agriculture, Forestry and Other Land Use).
다층 퍼셉트론(MLP, Multilayer Perceptron).
단파적외선(SWIR, Short-Wave Infrared).
디지털 표고 모델(DEM, Digital Elevation Model).
라이다(LiDAR, Light Detection and Ranging).
산림전용 및 산림 황폐화 방지 프로그램(REDD+, Reducing Emissions from Deforestation and Forest Degradation Plus).
순환 신경망(RNN, Recurrent Neural Network).
식물노화반사지수(PSRI, Plant Senescence Reflectance Index).
열적외선(Thermal Infrared).
엽면적지수(LAI, Leaf Area Index).
정규수분지수(NDWI, Normalized Difference Water Index).
정규식생지수(NDVI, Normalized Difference Vegetation Index).
토양보정식생지수(SAVI, Soil Adjusted Vegetation Index).

토지 이용과 토지피복(LULC, Land Use and Land Cover).

토지 이용 및 토지피복 변화(LULCC, Land Use and Land Cover Change).

토지 이용 변화 및 임업(LULUCF, Land Use, Land-Use Change and Forestry).

토지표면수분지수(LSWI, Land Surface Water Index).

합성곱 신경망(CNN, Convolutional Neural Network).

향상된 식생지수(EVI, Enhanced Vegetation Index).

01
토지피복 기술의 이해

토지피복 기술은 위성, 항공기, 드론으로 촬영된 영상을 기반으로 RGB, 적외선, 고도 등의 데이터를 분석해 숲, 도시, 농지 등으로 분류한다. 토지피복의 분류 방법에는 지도 감독 분류, 비지도 분류, 객체 기반 분석, 딥러닝, 시계열 분석 등이 있으며, 토지피복의 분류 결과는 기후 변화 대응과 도시 계획에 활용된다. 해외는 구글 어스 엔진, 코페르니쿠스 등에서, 한국은 환경공간정보서비스와 국토정보플랫폼 등에서 토지피복 정보를 제공하고 있다.

AI와 1인 창업?

토지피복 촬영 기술

토지피복 데이터는 원격 탐사 기술을 기반으로 위성, 항공기, 드론 등을 활용해 수집된다. 위성은 넓은 지역을 정기적으로 관측하는 데 적합하며, 과학과 행정 목적으로 공개되는 대표적인 위성 시스템은 랜드샛(Landsat), 센티넬(Sentinel), 모디스(MODIS) 등이 있다. 이들은 다중분광 영상을 제공해 토지피복 분류와 식생 분석에 활용된다.

공개 위성 외에도 각 국가는 해상도 0.3m 이하의 고성능 위성을 운영 중이다. 한국은 안보 목적의 다목적실용위성(아리랑 위성), 기상 관측용 정지궤도위성(천리안 위성), 국토 관리용 차세대중형위성(국토 위성), 달 탐사 목적의 차세대발사체(누리호)를 보유하고 있다. 이 중 천리안 위성은 실시간으로 0.5~5km 해상도의 기상·해양 정보를 제공하며, 아리랑 5호와 국토위성 1호는 해상도 0.5m(흑백)~2m(컬러)의 고해상도 영상 촬영이 가능하다.

항공 센서는 고해상도 영상과 라이다(LiDAR, Light Detection and Ranging: 레이저 펄스를 이용해 지형의 거리와 높이를 정밀하게 측정하는 원격 탐사 기술) 데이터를 수집하며, 도시·산림의 정밀 분석에 적합하다. 드론은 근접 정밀 촬영에 유리하며, 가시광선(RGB), 근적외선, 열적외선(Thermal Infrared), 라이다 센서 등 다양한 장비 탑재가 가능하다. 위성항법시스템(GPS, Global Positioning System)과 분광기는 영상의 정합성과 해석 정확도를 높이는 데 활용된다.

토지피복 영상은 스펙트럼의 종류에 따라 단일 분광인 RGB, 다중 분광인 근적외선과 단파적외선(SWIR, Short-Wave Infrared), 초분광(수백 개 밴드), 열적외선 등으로 구분된다. 단일 분광은 시각적 해석, 다중 · 초분광은 정량 분석, 열 영상은 온도와 수분 분석에 활용된다. 밴드는 위성이나 센서가 빛을 감지하는 특정 파장의 범위다.

토지피복의 영상 정보

토지피복의 가장 기본적인 정보는 RGB로 구성된 가시광선 영상이며, 여기에 근적외선이나 단파적외선 등의 스펙트럼 정보가 추가되면 식생 상태, 토양 습도, 수분 함량 등을 정밀하게 분석할 수 있다. 고도 정보는 디지털 표고 모델(DEM, Digital Elevation Model)이나 라이다를 통해 추출되며, 이는 지형의 높낮이나 건물의 높이를 파악하는 데 활용된다. 고도를 기반으로 경사도와 사면의 방향(Aspect)도 계산할 수 있어, 토지 이용 가능성과 재해 취약성 분석에 사용된다. 센서의 촬영 각도나 태양의 고도 · 방위와 같은 정보는 영상 내 그림자의 해석이나 왜곡 보정에 필요하다. 이외에도 정규식생지수(NDVI, Normalized Difference Vegetation Index)와 정규수분지수(NDWI, Normalized Difference Water Index) 등 다양한 영상 지수가 산출되어 식생 건강도, 수분 분포, 도시 열섬 현상 등을 분석할 수 있다. 결국 토지피복 영상은 색상, 고도, 열, 습도, 기울기 등 지표면의 특성을 수치화해 공간적으로 해석할 수 있는 복합 정보의 집합이다.

토질 정보는 지표 아래 흙의 구성, 질감, 수분 함량, 유기물 함량 등 땅의 물리적 · 화학적 특성을 다루며, 주로 시료 채취와 실험을 통해 얻는다. 반면 토지피복 정보는 지표면 위에 드러난 물리적 상태, 즉 숲, 도시, 농지 등의 피복 형태를 위성 영상이나 항공사진으로 관측한다. 토질은 오랜 시간 거의 변하지 않지만, 토지피복은 수년 단위로 변화하며, 인간 활동과 기후 변화에 민감하게 반응한다. 두 정보는 모두 지표 환경을 설명하지만, 토질 정보는 땅의 속성, 토지피복은 땅의 겉모습과 그 변화에 초점을 둔다.

토지피복 영상의 메타데이터

토지피복 영상의 메타데이터(Metadata)는 영상 그 자체가 아니라, 해당 영상이 언제, 어디서, 어떤 조건에서 촬영되었는지를 설명하는 정보다. 여기에는 촬영 시점, 위성 또는 센서 이름, 위치 좌표와 좌표계, 태양 고도 및 방위각, 해상도 등이 포함된다. 해상도는 하나의 픽셀이 실제 지상에서 몇 미터에 해당하는지를 나타내며, 영상의 정밀도와 분석 가능 범위를 결정하는 중요한 요소다. 이 정보는 영상의 정확한 위치 보정, 그림자 해석, 다중 영상 간 정합 등에 필수적이다. 또한 영상에 포함된 밴드 수, 각 밴드의 스펙트럼 범위, 대기 보정 여부, 클라우드율(구름 비율) 등의 품질 지표도 함께 제공된다. 일부 영상은 위에서 비스듬히 찍힌 위성사진이나 항공사진을 마치 지도를 보듯이 바로 위에서 본 것처럼 펴 주는 정사 보정 여부나 처리 단계(Level 1, 2A 등)를 명시한다.

고급 영상일수록 스펙트럼 밴드가 다양하게 포함되며, 근적외선, 단파적외선, 열적외선 등 다양한 대역에서 정보를 추출할 수 있다. 또한 디지털 표면 모델(DSM, Digital Surface Model), 디지털 지형 모델(DTM, Digital Terrain Model) 등의 고도 같은 정밀한 지형 데이터가 함께 제공되어 3차원 분석이 가능하다. 메타데이터에는 영상 처리 이력, 즉 정사 보정 여부, 대기 보정 여부 등이 포함되어 영상의 품질과 해석 신뢰도를 판단하는 기준이 된다. 드론 영상은 관성 측정 장치(IMU, Inertial Measurement Unit)를 통해 자세, 회전, 가속도 정보를 포함하며, 비행 중 GPS 경로도 함께 기록되어 영상과 지표 간 정확한 위치 정합이 가능하다. 이러한 메타데이터는 단순한 보조 정보가 아니라 토지피복 분석의 신뢰성과 정밀도를 결정짓는 핵심 자료다.

토지피복의 분석 기술

토지피복의 분류는 정답이 미리 주어지는지에 따라 지도 분류(Supervised Classification)와 비지도 분류(Unsupervised Classification) 방식이 있다. 일반적으로 토지피복 분석은 픽셀 단위로 이미지를 처리하지만, 영상 데이터를 건물, 나무, 논밭처럼 하나의 덩어리로 보이는 영역 단위로 나눠서 처리하면 객체 기반 분류(Object-Based Classification)를 적용할 수 있다. 또한 분석에 시간 정보를 포함하면 시계열 기반 토지피복 분석(Time-Series Land Cover Analysis)도 가능하다. 분석에 사용되는 대표적인 방법(알고리즘)은 데이터의 형태와 복잡도에 따라 머신러닝(Machine Learning) 또는 딥러닝

(Deep Learning) 기술이 활용된다.

지도 분류는 토지대장이나 지적도의 지목, 지목별 용도 등과 같이 사전에 정의된 라벨을 정답으로 기준해 학습하는 방식이다. 예컨대, 분석자는 '이런 곳은 숲, 이런 곳은 논'과 같은 샘플 데이터를 미리 지정하고, 머신러닝 기법으로 영상 속 유사한 스펙트럼을 가진 영역을 해당 클래스에 포함되도록 한다.

비지도 분류는 영상 자체의 물리적 특성과 메타데이터에 기반해 유사한 특성을 가진 픽셀들을 자동으로 군집화하는 방식이다. 입력으로는 가시광선, 근적외선, 단파적외선, 열적외선, 고도, 좌표, 경사도, 촬영 각도 등이 활용된다. 분석 결과는 '이 그룹은 서로 비슷하다'는 수치 기반 군집이므로, 분석자가 다시 도시, 산림, 수역 등으로 해석하고 라벨링해야 한다. 이는 미지의 지역이나 사전 정보가 부족한 지역에서 유용하며, 탐색적 분석이나 잠재적 변화 감지에 효과적이다.

객체 기반 이미지 분석은 픽셀 하나가 아닌 유사한 특성을 가진 픽셀 덩어리(예: 건물, 도로, 숲처럼 경계와 형태가 분명한 공간 객체)를 분석 단위로 설정해, 공간적 경계와 형상을 반영한 정밀 분류를 가능하게 한다. 예를 들어 도시 영상에서 건물은 직선 경계와 규칙적인 패턴, 공원은 불규칙한 모양과 고른 식생을 가지므로, 픽셀 단위보다 정확하게 분리할 수 있다. 객체 기반 이미지 분석은 고해상도 항공 영상이나 드론 영상처럼 공간 해상도가 높은 영상에서 효과적이다.

시계열 분석은 여러 시점의 영상을 비교해 토지피복의 변화를 정량적으로 추적하는 방식이다. 예를 들어, 아마존의 불법 벌채 감시에는 수년 간격의 토지피복 영상을 비교해 숲→초지→경작지로의 전환을 자동으로 감지한다. 이러한 연속 분석을 위해 정규식생지수, 향상된 식생지수 등이 활용되며, 기후 변화의 영향이나 도시의 팽창 속도 정량화에도 사용된다.

머신러닝의 대표적인 알고리즘은 랜덤 포레스트(Random Forest: 다수의 결정 나무를 무작위로 조합하는 방식), 서포트 벡터 머신(SVM, Support Vector Machine: 데이터를 수학적으로 분리하는 경계선을 학습하는 알고리즘), 인공 신경망(ANN, Artificial Neural Network: 인간 뇌의 구조를 모방한 학습 알고리즘) 등이 있다. 이 중 특히 지도 분류를 적용한 머신러닝 결과는 행정 지도에 대한 정합성이 높아, 정책 수립이나 공간계획에 활용하기 용이하다. 분석 알고리즘은 대상이 구조화된 정형 데이터인 경우 머신러닝을 주로 적용하고 이미지, 음성, 텍스트처럼 복잡한 비정형 데이터 분석인 경우 딥러닝을 주로 적용한다.

딥러닝은 컴퓨터가 마치 사람처럼 예시를 보고 스스로 판단 기준을 배우는 기술이다. 예컨대, 사진을 많이 보여주면 고양이와 강아지를 구별할 수 있게 되는 방식이다. 이때 이미지는 위치마다 나타나는 밝기나 색 정보가 달라서 각각 숫자 행렬로 표현하며, 딥러닝은 여기에 가중치 행렬을 반복적으로 곱해 가며 특징을 추출한다. 이렇게 행렬의 패턴만으로 '고양이'나 '개' 같은 대상을 학습하고 인식할 수 있게 된다. 행렬곱은 전통적인 선형대수 연산으로, 전체 데이터를 한 번에 계산하는 방식이며 다층 퍼셉트론(MLP, Multilayer Perceptron)과 순환신경망(RNN, Recurrent Neural Network) 같은 일반적인 딥러닝 모델에서 사용된다. 반면, 합성곱 신경망(CNN, Convolutional Neural Network)에서는 이미지를 더 작게 분할해 위치를 이동시키며 연산을 반복하고, 이 과정에서 공간적 특징을 효과적으로 추출한다. 이 연산으로 가시광선, 근적외선, 고도, 질감, 그림자 등 다양한 정보를 입력층에 병합해 사용할 수 있다. 구글은 딥러닝으로 자체 제작한 토지피복 지도를 다이내믹 월드(dynamicworld.app) 서비스로 제공 중이며, 유럽우주국, 미항공우주국, 미국지질조사국, 세계자원연구소 등 외부 기관에서 제작한 토지피복 서비스들(https://bit.ly/3ETXfxE)도 제공하고 있다.

토지피복의 변화 예측 기술

토지피복 변화 예측은 도시 개발, 농지 보전, 기후 변화 대응 등 미래 환경 계획을 수립하는 데 중요한 기초 자료로 활용된다. 현재까지 수집된 토지피복 변화 데이터를 분석해 일정한 패턴을 학습하고, 이를 바탕으로 향후 수 년 또는 수십 년 후의 지표 상태를 예측하는 방식이다. 이러한 방식에는 컴퓨터가 데이터에서 규칙을 스스로 학습해 예측 능력을 키우는 머신러닝이 주로 사용된다. 딥러닝은 머신러닝을 여러 층으로 중첩한 신경망 구조이며, 사람이 직접 학습 기준(특징)을 설계하는 머신러닝과 달리, 데이터에서 중요한 특징을 스스로 추출하고 학습한다. 딥러닝은 역전파(backpropagation)를 통해 각 층의 가중치를 조정하며, 대량의 데이터를 반복 학습해 고차원 패턴을 인식한다.

토지피복의 예측에서도 분석과 동일한 알고리즘이 사용되지만, 그 목적과 활용 방식은 분명히 다르다. 분석은 현재의 상태를 분류하는 데 집중하는 반면, 예측은 시간의 흐름에 따른 변화 경향을 추론하는 데 목적이 있다. 예를 들어, 랜덤 포레스트는 미국 국립공원의 산림 면적 감소 추세를, 서포트 벡터 머신은 중국 상하이의 도시 확장 방향을, 인공 신경망은 인도네시아 자바섬의 농지 감소와 도시화 진행을 예측하는 데 활용된 바 있다. 이들 모델은 위성 영상 기반의 가시광선, 적외선, 고도, 인구 밀도, 거리 등 다양한 데이터를 입력으로 받아 토지피복 지도를 생성한다.

한편, 머신러닝처럼 데이터를 학습하지 않고도 주변 지역의 공간 구조나 상태 변화를 바탕으로 예측하는 방식도 있다. 셀룰러 오토마타(Cellular Automata: 격자 기반의 모의 시스템)는 주변 지역의 영향에 따라 셀의 상태가 바뀌는 규칙을 통해 도시 팽창을 시뮬레이션한다. 브라질 상파울루에서는 이 방식으로 도심 확산 패턴을 재현하고, 미래 시나리오를 평가했다. 마르코프 체인(Markov Chain) 모델은 현재의 토지피복 상태에 따라 다음 상태로 전이될 확률을 계산하는 방식으로, 아프리카 사헬 지역의 사막화 진행 예측에 적용되었다. 이처럼 토지피복 예측 기술은 단순한 추세선(趨勢線)을 넘어, 공간적 위치와 주변 환경의 영향까지 고려하는 정교한 시뮬레이션을 가능하게 한다. 이는 미래 환경을 설계하고 조정하는 데 필요한 과학적 근거를 제공한다.

토지피복 자료의 수집처

국제토지분석 · 탐지연구소(GLAD, Global Land Analysis & Discovery. glad.umd.edu)는 메릴랜드 대학에서 운영하며 랜드셋 위성과 모디스 위성 자료 기반의 산림 변화 및 토지피복 자료를 무료로 제공한다. 코페르니쿠스 토지 감시 서비스(CLMS, Copernicus Land Monitoring Service. land.copernicus.eu)는 유럽연합의 지구 관측 프로그램으로, 100m 해상도의 토지피복 자료를 정기적으로 갱신해 제공하고, 구글 어스 엔진(earth engine.google.com)은 대규모의 위성사진과 지리 공간 정보의 분석 환경을 제공한다.

유럽 지역의 토지피복 자료는 유럽환경청이 주도하는 코린 토지피복(CLC, CORINE Land Cover. https://bit.ly/41M0waT) 프로젝트를 통해 1990년부터 축적된 44개 토지피복 유형에 대한 체계적인 정보가 제공된다. 이 자료는 25ha의 최소 매핑 단위와 100m 위치 정확도를 가지며, 유럽 38개국의 토지피복 변화 추세를 파악할 수 있도록 6년 주기로 업데이트된다. 유럽 토지피복 자료는 도시 계획, 농업 정책, 자연 보전 분야에서 광범위하게 활용되고 있으며, 최근에는 도시 확장과 숲의 파편화 연구에서 중요한 데이터다.

미국지질조사국은 토지피복 데이터베이스(https://bit.ly/3DqbkCm)를 통해 30m 해상도의 랜드샛 영상을 기반으로 미국 전역의 16개 토지피복 유형을 분류하고 있으며, 자료는 2001년부터 2~3년 간격으로 업데이트되어 토지 이용 변화를 추적할 수 있다. 이와 함께, 미국지질조사국의 어스 익스플로러(earthexplorer.usgs.gov)는 원시 위성 데이터와 처리된 토지피복 정보를 함께 제공하며, 무료 계정 생성 후 다양한 형식의 파일을 다운로드할 수 있다.

한국의 토지피복 자료는 환경부가 운영하는 환경공간정보서비스(egis.me.go.kr)와 국토교통부의 국토정보플랫폼(map.ngii.go.kr)을 통해 접근할 수 있다. 환경공간정보서비스는 대분류(7개 항목), 중분류(22개 항목), 세분류(41개 항목)로 구분된 토지피복 지도를 제공하며, 생태 자연도와 같은 관련 환경 정보도 함께 열람 가능하다. 국토교통부(국토지리정보원)가 운영하는 국토정보플랫폼은 토지피복 지도와 함께 토지 이용 현황도, 지적도 등 다양한 국토 관련 정보를 통합적으로 제공하고 있으며, 최근에는 공간 정보 오픈 플랫폼인 브이월드

(map.vworld.kr)를 통해 3차원 정보와 함께 토지피복 정보를 확인할 수 있다.

온라인 시각화 도구는 복잡한 지리정보시스템 GIS (Geographic Information System) 소프트웨어 없이도 일반인이 토지피복 정보를 쉽게 탐색할 수 있는 플랫폼을 제공한다. 센티넬 허브 지구관측 브라우저(Sentinel Hub EO Browser, https://bit.ly/3QWfjcN)는 유럽우주국의 센티넬 위성 데이터를 기반으로 토지피복 변화를 시각적으로 확인할 수 있으며, 세계자원연구소가 운영하는 리소스 워치(resourcewatch.org)는 토지피복, 산림, 농업, 도시 등 다양한 주제별 데이터를 직관적인 인터페이스로 제공한다. 글로벌 산림 감시(Global Forest Watch, www.globalforestwatch.org)는 특히 산림 관련 토지피복 변화에 특화되어 있으며, 연도별 산림 손실과 획득에 대한 정보를 대화형 지도를 통해 시각화해 제공한다.

02
토지피복 관련 제도

토지 피복은 단순한 공간 정보가 아니라, 기후 변화 대응과 지속 가능한 자원 관리를 위한 핵심 인프라다. 관련 제도는 국제 협약, 국가 법령, 기술 표준, 규약, 데이터 플랫폼 등 다층적으로 구성된다. IPCC, 파리협정, 유럽기후법, 한국의 탄소중립법 등은 토지피복을 탄소 흡수원의 핵심으로 규정하고 있다. ISO와 OGC의 표준, 환경부 지침 등은 토지피복 데이터의 품질과 활용성을 뒷받침한다.

AI와 MBTI?

토지피복 관련 제도와 규범

토지피복은 독립된 법적 규제 대상이 아니라, 기후 변화 대응의 수단으로 인식되고 있으며 그 결과 다양한 법제도, 협약, 표준, 규약, 운영 체계 등 다양한 수준의 규범 속에 직간접적으로 포함된다. 법은 국가나 초국가적 기구가 만든 강제력 있는 규범이며, 협약은 국가 간 합의에 따른 자율적 국제 규범이다. 표준은 기술적 일관성과 데이터 호환성을 보장하는 기준으로, 법적 구속력은 없지만 실질적인 실행력을 가진다. 규약은 표준보다 유연하고 권고적인 성격을 지니며, 실무 운영이나 보고 지침에서 기준으로 활용된다. 이러한 제도와 규범은 국제적인 협력 기구들을 통해 조정되며, 유럽연합의 코페르니쿠스 프로젝트의 토지피복 데이터 플랫폼과 같은 곳에서 위성 자료와 통계 데이터를 제공받아 정책 및 분석에 활용한다.

기후 관련 세계 법·제도

영국의 「기후변화법」(2008, 개정 2019)은 세계 최초로 탄소 중립 목표를 법제화한 사례로, 기후 변화 대응을 위한 토지피복 연구와 이행 거버넌스를 결합한 모델이다. 2050년까지 온실가스 순배출 제로를 법적으로 의무화하고, 5년 단위 탄소 예산을 설정해 이행 경로를 관리한다. 특히 독립 기구인 기후변화위원회(CCC, Committee on Climate Change)가 국가의 감축 실적과 토지 이용 변화에 대한 감시 기능을 수행하며, 산림 · 농지 등 토지피복 유형별 탄소 흡수량을 정량화해 탄소 예산에 포함한다.

「유럽기후법」(European Climate Law, 2021)은 유럽연합이 2050년까지 탄소 중립을 법적으로 의무화한 최초의 규범으로, 파리협정의 이행 수단이자 토지피복 연구의 제도적 기반이다. 2030년까지 최소 55% 감축을 중간 목표로 설정하고, 모든 유럽연합의 정책이 기후 목표와 정합되도록 요구한다. 특히 산림, 농지, 습지처럼 토지 이용과 그 변화가 중요한 분야에 직접 개입하며, 이들을 탄소를 흡수하는 자원으로 보고, 위성을 활용한 관측과 수치 기반 보고를 각 회원국에 의무화하고 있다. 유럽환경청과 통계 기관이 이 데이터를 통합 관리하며, 과학적 통계 · 기술 표준 · 이행 점검 체계를 구축하고 있다.

미국의 「인플레이션 감축법」(IRA, Inflation Reduction Act, 2022)는 명시적인 기후법은 아니지만, 기후 대응 예산과 감축 기술 보조금을 포함한 대규모 산업법으로 사실상 미국의 탄소 중립 전환 핵심 수단이다. 이 법은 산림보호, 농업 탄소 흡수 촉진, 재생 에너지 전환, 기후 스마트 농업 등에 재정 지원을 집중하며, 토지피복 변화와 흡수원 확대를 위해 간접적인 법적 기반을 제공한다. 이로 인해 토지피복 분석, 토지 기반 감축 프로그램, 보조금 연계 위성 감시 연구가 활발히 이루어지고 있다.

한국의 「기후위기 대응을 위한 탄소중립 · 녹색성장 기본법」(2024)(https://bit.ly/3YurqCp)에서 토지피복 기반의 기후위기 대응 관련 조항은 다음과 같다. 법 제2조 제8호는 토지 이용, 토지 이용의 변화 및 임업 활동 등에 의해 대기로부터 온실가스가 제거되는 행위를 "온실가스 흡수"로 정의한다. 또한, 법 제3조 제3항은 기후 변화에 대한 과학적 예측과 분석에 기반해, 기후위기에 영향을 미치거나 영향을 받는 모든 분야를 포괄적으로 고려해 온실가스 감축 및 기후위기 적응 정책을 수립하도록 규정한다. 아울러, 법 제33조 제4항 및 제5항은 탄소흡수원의 조성 · 확충과 흡수 능력 개선을 위한 시책에, 관련 정보 · 통계 구축, 연구 개발, 전문 인력 양성, 재원 조달, 교육 · 홍보 등을 포함하도록 명시하고 있다.

기후 관련 세계 협정

파리협정(2015)은 가장 포괄적인 기후 규범이다. 협정에서는 각국은 온실가스 감축 목표와 이행 계획을 국가 결정 기여(NDC, Nationally Determined Contribution)로 제출하고, 자율적으로 감축 목표를 설정하도록 요구한다. 파리협정은 직접적인 토지피복 규정은 없지만, 기후변화에 관한 정부 간 협의체(IPCC)의 토지 이용의 변화와 산림 관련 활동 부문을 배출·흡수 항목으로 인정하며, 국가 보고서에서 토지피복 변화의 정량적 반영을 요구한다. 토지피복 연구는 협정 이행의 과학적 근거로 기능하며, 특히 위성 영상 기반 토지피복 감시, 탄소 흡수량 산정, 토지 정보의 투명성 검증 체계 구축에 필수적이다.

지리 관련 법적 표준

국제표준화기구 ISO(International Organization for Standardization)는 ISO/TC 211 기술위원회를 중심으로 지리 정보 관련 표준을 제정하고 관리한다. 이 표준 체계는 'ISO 19100 시리즈'로 불리며, 공간 데이터의 생성, 표현, 품질, 공유, 서비스에 이르는 전 과정에 대한 기술적 규범을 포함한다. 그중 ISO 19115는 공간 데이터 메타데이터를 기술하는 세계 표준으로, 위성 영상이나 토지피복 지도에 촬영 시점, 해상도, 좌표계, 제작자 등 핵심 정보를 일관된 형식으로 기록하게 한다. ISO 19111은 좌표계 및 변환 체계를 정의하고, ISO 19157은 공간 데이터 품질을 평가하기 위한 정확도, 논리 오류, 누락률 등의 기준을 제공한다. ISO 19109와 19117은 주제도 설계와 지도 표현 방식에 대한 표준으로, 토지피복 분류 정의와 시각화에 활용된다.

한국의 지리 정보 생성 언어인 GML(Geography Markup Language)의 표준 KS X ISO19136-2도 ISO 표준을 따르고 있다. 지리 정보의 전송 및 저장을 위한 XML (Extensible Markup Language)로, 지형지물의 공간 · 비공간적 속성을 포함한다.

기후 관련 규약

IPCC는 1988년 유엔환경계획(UNEP. www.unep.org)과 세계기상기구(WMO)가 공동 설립한 기구로, 기후 변화에 대한 과학적 기준을 제공한다. 『2006 국가 온실가스 인벤토리 지침』과 『2019 보완 지침』을 통해 토지 이용 변화 및 임업(LULUCF, Land Use, Land-Use Change and Forestry) 부문을 정의하고, 토지피복을 산림지, 농경지, 초지, 습지, 정주지(定住地, 정착 공간), 기타 6개 범주로 분류한다. 이 체계는 농업 · 임업 · 기타 토지 이용(AFOLU, Agriculture, Forestry and Other Land Use)

보고 기준으로 확장되며, 산림 전용 및 산림 황폐화 방지 프로그램 REDD+(Reducing Emissions from Deforestation and Forest Degradation Plus) 및 국가 결정 기여의 산정 기준으로 사용된다.

산림 보존이나 농경지 관리처럼 토지 이용을 통해 온실가스를 줄이는 활동에 적용되는 MRV(Measurement, Reporting and Verification)는 각국의 온실가스 배출과 감축 활동을 측정 · 보고 · 검증하기 위한 제도다. 2007년 유엔기후변화협약(UNFCCC, United Nations Framework Convention on Climate Change)의 발리행동계획(Bali Action Plan)에서 도입되어, 감축 실적의 행정적 확인 수단으로 활용되었다. MRV는 IPCC가 제공하는 과학적 기준과 산정 방법론을 바탕으로, 온실가스 감축 이행 상황을 점검하고 투명성을 확보하기 위한 절차적 장치다.

향상된 투명성 체계 ETF(Enhanced Transparency Framework)는 MRV 체계를 통합 · 강화해 파리협정(2015)에서 새롭게 도입된 글로벌 투명성 체계다. 모든 국가가 공통 양식(CRF, Common Reporting Format)으로 투명성 보고서(BTR, Biennial Transparency Report)를 제출하며, 2024년부터 공식 시행된다. ETF는 기존의 토지 기반 감축 프로그램을 대체하며, 현재 기후 감축 이행 확인의 유일한 공식 제도다.

지리 관련 규약

지리 영상 처리 체계는 위성 영상과 도형 기반 공간 데이터를 아우르는 통합적 기준으로, 기후 변화 대응을 위한 토지피복 연구의 기술적 기반을 이룬다. 저장 방식 측면에서 위성 영상은 픽셀의 비트 수, 밴드 구성, 좌표계 포함 여부 등이 핵심 기준이며, 이는 개방형 지리정보 컨소시엄 OGC(Open Geospatial Consortium), ISO 19115(공간 메타데이터 표준), 미항공우주국과 유럽우주국의 위성 제품 정의서를 통해 명확히 제시된다. 도형 기반 데이터는 좌표가 부여된 지형지물의 위치와 속성 정보를 파일 단위로 저장하며, 대표적으로 셰이프파일(Shapefile)은 도형(.shp), 색인(.shx), 속성(.dbf) 파일이 결합되어 공간 객체를 구성한다. 파일 형식은 GeoTIFF, NetCDF, HDF와 같은 래스터 데이터(raster data. 격자 형태의 공간 데이터) 포맷과 shapefile, GeoPackage 같은 벡터 포맷(좌표와 속성을 가진 도형 기반 공간 데이터)으로 구분되며, 전자는 기후·영상 데이터를, 후자는 공간 객체 및 속성 정보를 표현한다. GeoTIFF는 좌표 포함 래스터 저장에 가장 널리 쓰이고,

NetCDF와 HDF는 시계열 기반의 다차원 분석에 적합하다. 벡터 포맷은 분석 대상의 경계를 지정하고, 통계 단위를 구분하며, 속성과 결합된 공간 분석에 활용되며, 다양한 플랫폼 간 상호 운용성을 위해 국제 표준 형식으로 관리된다.

영상의 보정과 변환은 위성 영상의 원시 값(DN, Digital Number)을 반사율 또는 복사휘도로 환산해 식생 · 수분 지수를 도출하는 작업이며, 이는 정량적 토지피복 분석 과정에서 핵심적인 전처리 단계다. 이러한 보정은 미국지질조사국, 유럽우주국, 대기복사전파모델(MODTRAN, MODerate resolution atmospheric TRANsmission), Sen2Cor(Sentinel-2 Atmospheric Correction processor: 유럽우주국이 Sentinel-2 영상에 대해 대기보정 처리를 위해 개발한 도구) 등에서 제공하는 알고리즘을 통해 수행되며, 이후 결과는 도형 기반 경계와 결합되어 해석된다.

토지피복 관련 규약

국가 차원에서 제정된 '토지피복 관련 기술 규약'은 한국정부(환경부)의 작성 지침 외에는 매우 드물며, 국제적으로 통용되는 공식 규약은 존재하지 않는다(환경부,

2025). 환경부의 환경공간정보서비스(egis.me.go.kr)에서 제공하는 '토지피복 지도 작성지침'은 국가 환경 기초 지도로서의 토지피복 지도를 표준화하기 위해 제정된 기술 지침이다. 이 지침은 영상 자료, 공간 정보, 현장 조사를 활용한 토지피복 분류 절차와 작성 규칙을 규정한다. 토지피복은 대분류(7개), 중분류(22개), 세분류(41개) 체계로 구성되며, 각각 30m, 5m, 1m급 해상도 기반으로 제작된다. 분류 기준은 공간 해상도와 축척에 따라 달라지며, 인공지능 기반 자동 분류와 지도 일반화 기법이 적용된다. 본 지침은 「공간 정보의 구축 및 관리 등에 관한 법률」과 연계되며, 좌표계는 WGS84 중부 원점을 기준으로 한다. 토지피복 지도의 사실상 국내 기술 표준으로 기능하고 있다.

거버넌스 및 기관

개방형 지리정보 컨소시엄 OGC는 GeoTIFF, WMS, WFS 등 공간 정보 표준을 개발하고, 위성 영상 기반 토지피복 데이터를 상호 운용 가능한 형식으로 제공하며, 벡터 데이터의 공유·분석 기반도 지원한다. 유엔의 지리공간정보관리 GGIM(Global Geospatial Information Management)은 각국의 공간 정보 정책을 조정하고,

ISO 및 OGC 표준의 채택을 권고하며, 토지피복 지도 등 지리 정보의 표준화된 활용을 장려한다. 유럽연합은 유럽 공간 정보 통합 체계를 위한 법적 프레임워크인 INSPIRE(Infrastructure for Spatial Information in the European Community) 지침을 제정하고, ISO 19115 기반 메타데이터와 토지피복 분류 체계를 포함한 통합 서비스를 회원국에 의무화하고 있다. 유엔의 재난위험경감사무국(UNDRR) 산하의 지구관측그룹(GEO, Group on Earth Observations)은 GEOSS(Global Earth Observation System of Systems)를 운영하며, 세계 위성 · 항공 · 지상 관측 자료를 통합해 기후, 환경, 재해 감시 자료를 공유하고, 토지피복 변화의 감시와 분석을 지원한다.

이러한 국제 거버넌스 구조는 토지피복 데이터를 단순한 영상 해석을 넘어 도형 기반 객체와 연계한 공간 분석 전반으로 확장하며, 정책 결정, 온실가스 보고, 생태계 감시 등 다양한 분야에 활용되고 있다.

토지피복 데이터 플랫폼

토지피복 관련 국제 데이터 플랫폼은 세계 토지피복의 분류 · 관측 · 공유를 위한 기반 인프라로 활용된다. 유럽연합의 코페르니쿠스 프로젝트의 감시 서비스는 코린 토지피복 자료를 포함해 유럽 전역의 토지피복 변화를 6년 주기로 생산하고 있으며, 고해상도 식생층, 인공 구조물, 습지 분포 등 다양한 주제별 지도를 제공한다. 유엔식량농업기구(FAO, Food and Agriculture Organization)의 글로벌 토지피복 공유(GLC-SHARE, Global Land Cover SHARE)는 세계 11개 주요 기관의 토지피복 데이터 세트의 통합으로, IPCC 분류 체계에 기반한 국가별 토지피복 통계를 제공한다. 미항공우주국의 육상 프로세스 분산형 능동 아카이브 센터(LP DAAC, Land Processes Distributed Active Archive Center)는 모디스, 랜드셋, 비어스(VIIRS) 등 다양한 위성 자료를 통해 정규식생지수, 엽면적지수(LAI, Leaf Area Index), 토지피복 유형 등 기후 모델링용 래스터 데이터를 제공하고 있다. 이 플랫폼들은 토지피복의 시공간 변화 감시, 탄소 회계, 생태계 서비스 평가 등에 활용된다.

참고문헌

환경부(2025). 토지피복 지도 작성지침. 환경공간 정보서비스, https://bit.ly/3EbkFhA

03
토지피복과 기후 변화 관계

기후 변화는 인류 역사에 사회, 경제, 농업, 의료 등 여러 면에서 지대한 영향을 끼쳐 왔다. 산업혁명 이후 과도한 탄소 에너지 사용과 산림 훼손 등 토지 개발로 인한 지구 온난화는 인류와 자연 생태계의 존속을 위협하고 있다. 이로 인해 수자원 부족, 식량 부족, 도시 열섬, 해안 침식 등의 문제가 발생하면서 딥러닝, 멀티모달 데이터 분석 등 인공지능 기술을 활용한 토지피복 연구의 필요성이 높아졌다.

AI와 난임 극복?

지구 온난화의 원인

지구 온난화의 원인은 자연적 요인과 인위적 요인 두 가지다. 자연적 요인은 장기적인 기후 변동으로 태양 활동의 변화는 지구로 유입되는 에너지 양에 영향을 미쳐 기온 변화를 유발할 수 있다. 화산 분출은 대기 중 에어로졸과 이산화황(SO_2)을 증가시켜 단기적인 냉각 효과를 나타내지만, 장기적으로 온실가스 농도 변화를 가져올 수 있다. 또한, 지구 공전 궤도의 변화(밀란코비치 주기)는 빙하기와 간빙기를 반복시키며 기후 변화에 영향을 미친다. 대기-해양 상호작용으로 인한 엘니뇨·라니냐 현상도 지구 평균 기온 변동성을 증가시킨다. 이러한 요인은 수십만 년 이상의 장기적인 기후 변화와 관련이 있으며, 최근의 급격한 온난화와는 관계가 적다(IPCC, 2021).

온실가스 배출량은 산업화 이후 인간 활동에 의해 급격히 증가하면서 지구 온난화가 가속화되고 있다. 화석연료 연소(석탄, 석유, 천연가스)는 이산화탄소(CO_2) 배출의 주요 원인으로, 산업·전력·교통 부문에서 대량 발생한다(IPCC, 2021). 농업 및 축산업에서는 메탄(CH_4)과 아산화질소(N_2O)와 같은 강력한 온실가스가 방출된다. 또한, 산림 벌채는 대기 중 탄소 흡수를 감소시키고, 토지 이용 변화는 온실가스의 순 배출량을 증가시킨다.

산업 공정(시멘트 생산, 화학 반응 등)에서도 온실가스가 추가로 발생하며, 도시화와 인구 증가에 따른 에너지 소비 증가가 온난화를 더욱 심화하고 있다. 현대 기후 변화의 주요 원인은 인간 활동에서 기인한 온실가스 배출이다(IPCC, 2021).

분야별 온실가스 배출 현황

지구 온난화의 주요 원인인 온실가스 배출량(Gt CO_2eq: 이산화탄소 기준 환산량)을 분야별로 보면 2022년 기준 에너지 시스템 약 19.9, 산업 약 8.6, 운송 약 8.5, 농업, 임업 및 기타 토지 이용(AFOLU) 약 7.2, 토지 이용, 토지 이용 변화, 임업(LULUCF) 약 4.1, 건물 약 1.2로 나타났다(IPCC, 2023).

온실가스 배출 데이터베이스(EDGAR, European Commission's Joint Research Centre)에 의하면 분야별 온실가스 배출 비중은 다음과 같다. 먼저, 에너지 시스템 분야가 전체 온실가스 배출의 가장 큰 비중을 차지하며, 약 41%가 에너지 생산 및 소비에서 발생한다(EDGAR, 2024). 산업 부문은 주로 철강, 시멘트, 화학 등의 제조 공정에서 온실가스를 배출하며, 전체 온실가스 배출량의 약 21%를 차지한다. 운송 부문은 도로, 항공, 해운을 포함하며, 전체 온실가스 배출량의 약 16%를 차지하며, 주로 화석 연료 기반의 연소(휘발유, 경유, 항공유, 중유 등)에서 배출이 발생한다. AFOLU 부문은 농업 활동과 산림, 토지 이용 변화에서 배출되는 온실가스를 포함하며, 전체 온실가스 배출량의 약 12%를 차지한다. 주요 배출원으로는 가축 사육(메탄 배출), 논농사(메탄 배출), 비료 사용(아산화질소 배출), 산림 벌채(탄소 저장 감소)가 포함된다. LULUCF 부문은 산림 벌채, 토지 전용, 산림 복원 등에서 발생하는 온실가스를 포함하며, 전체 온실가스 배출량의 약 5%를 차지하며, 산림 벌채로 인해 흡수되는 탄소보다 배출량이 증가할 경우 순 배출원이 된다. 건물 부문은 난방, 냉방, 조명 등에서 온실가스를 배출하며, 전체 온실가스 배출량의 약 7%를 차지하고, 주로 석탄 · 가스 기반 난방 시스템과 냉난방 전력 소비에서 발생한다.

토지피복을 활용한 온실가스 저감 노력

토지피복 기술은 지구 온난화의 주요 원인인 온실가스 저감을 위한 핵심적인 과학적 접근 방법이다. 토지피복은 지구 표면을 구성하는 생물리학적 특성을 과학적으로 분류하고 분석하는 핵심 환경 감시 기술이다. 원격 탐사 기술과 지리정보시스템(GIS)을 활용해 지표면의 자연적, 인공적 특성을 정밀하게 분류하고, 기후 변화 대응을 위한 중요한 과학적 근거를 제공한다. 토지피복 연구는 산림, 농경지, 도시, 수역 등 다양한 지표면 유형을 분석해 생태계 변화와 온실가스 배출 원리를 이해하는 핵심 도구다.

에너지 시스템 분야에서 일반적인 온실가스 저감방안은 화석 연료 감축을 위해 석탄 · 석유 · 가스 사용을 줄이고 재생 에너지 비중을 확대하며, 에너지 저장과 공급의 실시간 최적화를 가능하게 하는 스마트 그리드와 같은 지능형 전력망 기술을 도입하는 것이다. 이때 토지피복 기술을 활용한 경우 재생 에너지 부지 최적화를 위해 토지피복 데이터를 활용해 태양광 · 풍력 발전소 입지를 분석하고, 산림 지역 보호를 통해 탄소 흡수 능력을 강화할 수 있다.

산업 분야에서 일반적인 온실가스 저감 방안은 저탄소 생산 공정을 도입하고, 탄소 포집 및 저장(CCS, Carbon Capture and Storage) 기술을 활용하며, 에너지 효율이 높은 제조 공정을 적용하는 것이다. 토지피복 기술을 적용한 경우, 산업 단지의 친환경 설계를 위해 녹지 공간을 확보하고, 공장 부지 내 자연 서식지를 보전해 탄소 배출을 줄일 수 있다.

운송 분야의 일반적인 온실가스 저감 방안은 전기차·수소차 사용을 장려하고, 대중교통 및 자전거 인프라를 확충하며, 친환경 연료 사용을 확대하는 것이다. 토지피복 기술을 활용한 경우, 교통 인프라 개선을 위해 도로망과 녹지 공간을 분석하고, 전기차 충전소의 최적 위치를 선정해 친환경 교통수단의 보급을 촉진할 수 있다.

AFOLU 분야에서 일반적인 온실가스 저감 방안은 저메탄 사료 도입, 지속 가능한 농업 방식 확대, 질소 비료 사용 절감 및 유기농 농법 도입이 포함된다. 토지피복 기술을 활용한 경우, 정밀 농업 도입을 위해 작물 생육을 감시하고, 비료 및 농업용수 사용을 최적화할 수 있다.

LULUCF 분야에서 일반적인 온실가스 저감 방안은 불법 벌목 단속 강화, 지속 가능한 임업 정책 도입, 탄소 흡수원 확대를 위한 조림 사업 추진이 포함된다. 토지피복 기술을 활용한 경우, 토지 이용 감시 시스템을 구축해 산림 벌채 및 사막화 진행 상황을 감시하고, 복원 가능 지역을 분석해 탄소 흡수 능력을 극대화할 수 있다.

건물 분야에서 일반적인 온실가스 저감 방안은 고단열 건축 자재 사용, 스마트 빌딩 기술 도입, 재생 에너지 기반 냉난방 시스템 적용을 통한 에너지 소비 최적화가 포함된다. 이 경우에도 토지피복 기술을 활용한 경우, 도시 녹지를 확대해 옥상 녹화 · 도심 공원을 조성하고, 도시 열섬 효과를 완화해 냉방 에너지 사용을 줄일 수 있다. 일례로 서울시는 공용토지를 활용한 도시텃밭과 주택에서도 재배 가능한 상자텃밭 등을 분양하여 도시 녹지화를 실천하고 있다(cityfarmer.seoul.go.kr).

지구 온난화로 발생하는 문제

지구 온난화로 인해 발생 가능한 직접적 문제는 극한 기후 증가, 해수면 상승, 수자원 부족, 생태계 파괴, 식량 위기, 공중 보건 위협 등이 있다. 지구 온난화로 인해 폭염, 가뭄, 홍수, 허리케인과 같은 극한 기후 현상이 빈번해지고, 그 강도도 증가한다(IPCC, 2023). 빙하와 극지방의 얼음이 녹으면서 해수면이 상승해 연안 침식, 저지대 침수, 기후 난민 발생을 초래한다. 강수 패턴 변화와 증발산 증가로 인해 가뭄이 심화되며, 지하수 고갈과 담수 자원의 불균형이 발생해 수자원이 감소한다. 기온 상승과 강수량 변화로 인해 자연 서식지가 줄어들고, 일부 종의 멸종 위험이 높아지며, 생물다양성이 감소해 생태계 파괴의 위험에 직면한다. 기후 변화로 인해 작물 생산성이 감소하고, 토양 황폐화와 해충 증가가 농업 생산에 부정적인 영향을 미쳐 식량 부족을 초래한다(FAO, 2021). 폭염, 대기 오염 증가, 감염병 확산으로 인해 인간의 건강이 위협받으며, 특히 열 스트레스와 수인성 질병이 증가해 공중 보건의 문제가 발생한다.

한편, 기후 변화에 따른 이러한 문제들은 다음과 같이 경제, 사회, 정치, 산업에 2차적인 문제를 발생시킨다. 경제적으로는, 극한 기후로 인한 자연재해가 빈번해지면서 농업, 산업, 인프라 피해가 증가하며, 보험료 상승과 경제적 불안정성을 초래한다. 사회적으로는, 해수면 상승, 가뭄, 사막화로 인해 거주지에서 이주하는 인구가 증가하며, 이로 인해 사회적 갈등과 정책적 부담이 가중된다(IPCC, 2023). 정치적으로는, 수자원과 식량 부족이 심화되면서 국가 간 자원 경쟁과 갈등이 발생하며, 기후 변화로 인한 난민 유입 문제도 안보 위기를 초래한다. 산업적으로는, 기후 변화로 수력·화석 연료 기반 전력 생산이 영향을 받으며, 전력망의 불안정성과 재생 에너지 확대 필요성이 증가한다.

토지피복 기반 지구 온난화 해결

토지피복 기술은 극한 기후에 대응하기 위해 위성 원격 탐사를 통해 산불, 홍수, 폭염 발생 지역을 실시간으로 감시하고, 지표면 변화를 정밀하게 분석한다(NASA, 2022). 도시 녹지와 투수성 지표 감지는 수자원 개선 및 가뭄 피해 저감 역할을 한다(IPCC, 2023).

또한 해안 침식 및 해수면 상승 문제에 대응하기 위해 위성 및 항공 영상을 활용해 해안선 변화와 침식 위험 지역을 조기에 감지한다. 예컨대, 맹그로브 숲과 소금 습지 복원을 통해 생태계 방어선을 구축하고, 침수 위험 지역을 분석해 도시 계획에 반영한다(UNEP, 2021).

수자원 관리에서는 위성 데이터를 이용해 수원 지역의 토지피복 변화를 감시하고, 수질 및 수량 변화를 실시간으로 분석한다. 지하수 재충전을 위해 빗물 침투가 용이한 초지와 습지 등의 투수성 지표면을 확대한다.

생태계 보호를 위해 원격 탐사 기술은 생태계 변화와 멸종 위기 종의 서식지 변동을 실시간으로 감시한다. 녹지 축과 생태 통로 조성을 통해 서식지 단절을 방지하고, 산불 및 초지 황폐화를 감시해 생태계를 보호한다.

농업 분야에서는 위성 데이터 기반 정밀 농업 기술을 적용해 작물 생육 상태를 분석하고, 최적의 재배 전략을 수립한다. 도시 확장으로 인한 농지 감소를 방지하고, 기후 변화에 대응 가능한 농업 지역을 보호한다.

공중 보건 측면에서 토지피복 기술은 녹지 공간 조성을 통해 도시 열섬 효과를 완화하고, 원격 탐사를 활용해 대기 오염 상태를 분석한다. 감염병 매개 곤충의 서식지 변화를 예측해 질병 확산을 사전에 감지하고 대응한다.

토지피복 기반 지구 온난화 예방

지구 온난화를 효과적으로 완화하기 위해서는 에너지 전환, 기술 혁신, 정책 강화, 국제 협력 및 지속 가능한 사회 구조 구축이 필수적이다. 재생 에너지 확대를 통해 태양광과 풍력 발전을 중심으로 화석 연료 의존도를 낮추고, 산업 · 건물 · 교통 부문의 에너지 효율을 개선해 온실가스 배출을 줄인다. 탄소 가격제와 탄소국경조정제도(CBAM, Carbon Border Adjustment Mechanism)를 도입해 기업의 온실가스 감축을 유도하고, 탄소 포집 및 저장(CCS) 기술을 활용해 산업 부문의 잔여 배출을 줄인다. 전기차 및 수소 경제로의 전환은 운송 부문의 탄소 배출을 감소시키는 데 기여한다. 또한, 영상, 텍스트, 센서, 위성 영상, 기상 정보 등 다양한 데이터를 결합한 멀티모달 기반의 스마트 기술과 AI · IoT 감시 시스템을 통해 온실가스 배출을 보다 효율적으로 관리할 수 있다. 국제 협력을 기반으로 한 기후 정책 강화와 기후 적응 인프라 구축을 통해 해수면 상승과 가뭄 등 기후위기의 피해를 최소화하고, 지속 가능한 소비 · 생산 체계를 도입해 순환 경제를 활성화하는 것이 필요하다(IPCC, 2023).

토지피복 기술은 지구 온난화 대응에서 탄소 감축, 기후 적응, 자연 기반 해법 구현에 핵심적인 역할을 한다. 위성 및 원격 탐사를 활용한 토지피복 감시를 통해 산림 벌채, 사막화, 도시화 진행 상황을 실시간으로 감시하고, 탄소 흡수원의 보호 및 복원을 위한 정책적 의사 결정을 지원한다. 또한, 재생 에너지 확대를 위해 태양광 및 풍력 발전소 부지 최적화 분석을 수행해 토지 이용을 극대화하고, 산림 보호 및 탄소 흡수원 관리를 통해 탄소 저감 효과를 강화할 수 있다. 기후 적응 인프라 구축 측면에서는 해안 침식 및 홍수 위험 지역을 감지하고, 맹그로브 숲 및 습지 복원을 통해 자연 방어선을 구축하는 것이 가능하다. 스마트 기술과 연계해 AI 및 사물인터넷(IoT, Internet of Things) 기반의 토지 이용 변화 감지 및 탄소 배출 감시 시스템을 도입하면, 기후 변화 대응 정책의 효과성을 극대화할 수 있다(NASA, 2022; UNEP, 2021).

참고문헌

EDGAR(2024). Emissions database for global atmospheric

research(EDGAR), release version 8.0. European Commission.
FAO(2021). *The state of food and agriculture 2021.* FAO.
IPCC(2021). *Climate change 2021.* Cambridge University Press.
IPCC(2023). Climate change 2023: Synthesis Report. Intergovernmental panel on climate change.
NASA(2022). Using satellite data to monitor climate change impacts on land cover. National aeronautics and space administration.
UNEP(2021). The role of nature-based solutions in climate adaptation and disaster risk reduction. United nations environment programme.

04
온실가스 배출 원인과 대응

지구 온난화의 주요 원인인 온실가스 배출과 이로 인한 토지 이용 변화에 대응하기 위해, 이를 감지하고 개선 방안을 마련하는 토지피복 기반 연구가 활발히 진행 중이다. 위성 기반 토지피복 기술을 활용해 온실가스 배출 현황을 측정·공개함으로써, 공공기관은 물론 민간 기업과 시민들도 탄소 흡수 및 저감을 위한 토지 관리와 정책에 능동적으로 참여할 수 있도록 유도하고 있다.

AI와 사주?

온실가스와 지구 온난화

온실가스란 지구 대기 중에서 열을 가두어 온실 효과를 일으키는 기체를 의미한다. 온실가스는 태양에서 오는 단파 복사열(가시광선)은 통과시키지만, 지구에서 방출하는 장파 복사열(적외선)을 흡수·재방출해 지구 온도를 유지하게 한다. 온실가스 농도가 증가하면 지구 온도가 비정상적으로 상승해 지구 온난화의 원인이 된다. 주요 온실가스는 이산화탄소(CO_2), 메탄(CH_4), 아산화질소(N_2O), 수소불화탄소(HFCs), 과불화탄소(PFCs), 육불화황(SF_6) 등이다. 온실가스는 자연적으로 존재하지만, 산업화 이후 화석 연료 사용, 삼림 파괴 등의 인간 활동으로 인해 과도하게 증가하고 있다.

온실가스의 종류별 발생 원인과 이산화탄소 기준으로 온실가스가 대기 중에서 열을 가두는 능력인 지구 온난화 지수 GWP(Global Warming Potential)를 보면 다음과 같다. 이산화탄소는 가장 대표적인 온실가스이며, 화석 연료 연소, 삼림 벌채, 산업 활동에서 발생하고, 대기 중 체류 기간이 수백 년 이상 지속될 수 있어 기후 변화의 주요 원인이다. 메탄은 소의 트림 등 가축, 논, 매립지, 천연가스 생산 과정에서 발생하고, GWP가 25이지만, 대기 중 체류 기간은 약 10~12년이다. 아산화질소는 비료 사용, 화석 연료 연소, 산림 파괴 등에서 발생한다. GWP가 300 이상이며, 대기 중 체류 기간이 100년 이상이다. 수소불화탄소는 에어컨, 냉장고 등의 냉매와 산업용 기체에서 발생하고, 이산화탄소보다 수천 배 높은 온실 효과를 가지며, 일부는 GWP가 1만 이상이다. 과불화탄소는 반도체 제조, 금속 생산 과정에서 발생하고, 대기 중 체류 기간이 수천 년으로, 강력한 온실 효과를 가진다. 육불화황은 전력 산업(절연 가스), 반도체 제조 과정에서 발생하고, GWP가 2만3500 이상이며, 대기 중 수천 년간 남아 있는다. 결론적으로 이산화탄소가 가장 많이 배출되지만, 메탄, 아산화질소, 수소불화탄소, 과불화탄소, 육불화황도 강력한 온실 효과를 가지고 있다.

온실가스 측정과 토지피복 적용

온실가스의 종류별 측정 방법과 각각의 토지피복 적용 방법은 다음과 같다. 이산화탄소(CO_2)는 위성 원격 감지 기술 궤도 탄소 관측 위성 2호 OCO-2(Orbiting Carbon Observatory-2)와 온실가스 관측 위성 GOSAT(Greenhouse Gases Observing Satellite), 비분산 적외선 센서 NDIR(Non-Dispersive Infrared Sensor)을 활용해 측정할 수 있다. 토지피복을 적용해 산림 피복을 감시해 탄소 흡수원을 관리하고, 토양 유기물을 분석해 탄소 저장량을 평가할 수 있다.

메탄(CH_4)은 대기권 감시 기기와 적외선 흡수 분석기를 활용해 배출량을 측정한다. 토지피복 변화 감시에서는 습지와 논 경작지의 변화를 감지해 메탄 배출을 줄일 수 있도록 하며, 가축 활동을 감시해 배출량의 최적화 방법이 적용될 수 있다.

아산화질소(N_2O)는 대기 샘플링과 기체 크로마토그래피를 통해 측정할 수 있다. 토지피복을 적용해 농지에서 비료 사용량을 감시하고, 질소 고정 능력이 있는 작물 재배를 추천하는 방식이 있다.

수소불화탄소(HFCs)는 산업 공정에서 발생하는 배출량을 추적하는 시스템을 통해 측정된다. 토지피복 감시에서는 냉매 사용량을 감시하고, 산업 시설 지역을 감시해 배출 저감 전략을 수립할 수 있다.

과불화탄소(PFCs)는 반도체 및 알루미늄 공장에서 발생하는 배출량을 분석해 측정한다. 토지피복 기술에서는 산업 지역의 변화 감시를 통해 배출량을 조절하는 방안을 적용할 수 있다.

육불화황(SF_6)은 전력 산업에서 배출량을 추적해 측정한다. 토지피복 기술에서는 변전소와 전력 시설이 위치한 지역을 감시하고, 배출량을 관리하는 방식으로 활용될 수 있다.

세계의 온실가스 현황 제공 사례

미국지질조사국의 토지탄소 감시 프로그램인 랜드카본(LandCarbon. https://bit.ly/43f4ppE)은 미국 전역의 토지피복 변화를 감시하고, 탄소 흡수 및 배출량을 추정해, 이를 위성 영상과 현장 측정 데이터와 결합해 토지피복 유형별 탄소 순환 정보를 제공한다. 또한 웹 기반의 시각화 도구를 통해 일반 대중도 쉽게 볼 수 있도록 관련 정보를 공개하고 있다.

유럽연합의 코페르니쿠스 토지 감시 서비스는 유럽환경청에서 운영하는 토지피복 데이터베이스와 연계해 온실가스 배출량 및 흡수량 자료를 구축하고, 토지피복 기반 탄소 흡수원 정보를 제공하고 있다.

호주의 국가탄소회계시스템(NCAS)은 토지피복 변화와 탄소 저장량 변화를 통합적으로 감시(FullCAM, Full Carbon Accounting Model)함으로써 토지피복 유형별 온실가스 배출 현황을 제공하며, 농업 및 산림 분야의 탄소 배출권 거래 지원 정보(https://bit.ly/4krKVEL)도 운영하고 있다.

브라질 아마존의 산림 벌채 감시 프로그램인 PRODESL (Projeto de Monitoramento do Desmatamento na Amazonia Legal por Satelite)과 실시간 산림벌채 탐지 DETER(Detection of Deforestation in Real Time. https://bit.ly/3Dsv5ZT)는 열대 우림의 토지피복 변화와 산림 탄소 저장량을 감시하고, 삼림 파괴로 인한 온실가스 배출량을 실시간으로 추적하여 그 결과를 공개하고 있다.

중국의 토지피복 및 탄소 감시 플랫폼 차이나플럭스(ChinaFLUX. www.chinaflux.org)는 토지피복 유형의 탄소 흡수 및 배출 특성을 감시하고, 국가 기후 변화 대응 전략 수립을 위한 토지피복 기반 탄소 수지 정보를 제공하고 있다.

글로벌 탄소 프로젝트(globalcarbonproject.org)는 토지피복 자료와 탄소 흡수 모델을 통합해 탄소 수지 정보를 제공하고, 위성 영상과 지상 관측망을 결합해 토지의 탄소 저장량 변화를 추적한다.

유엔식량농업기구(FAO)가 구글 어스 엔진과 연계해 제공하고 있는 콜렉트 어스(Collect Earth. https://bit.ly/4buZCTt) 서비스는 세계의 토지피복 변화와 탄소 저장량 변화를 감시하며, 개발도상국의 산림 감소와 황폐화를 방지하고 온실가스를 감축하기 위한 수단으로 활용된다.

일본의 토지피복 기반 생태계 서비스 평가 시스템(www.nies.go.jp)은 일본 국립환경연구소에서 운영하는 토지피복 변화와 온실가스 흐름 감시 시스템으로, 도시화와 농지 전환에 따른 탄소 저장량 변화 정보를 제공하고 있다.

한국의 온실가스 현황 제공 사례

산림탄소등록부(https://bit.ly/4bHkQ0N)는 한국의 산림청에서 제공하는 서비스로 산림의 토지피복 현황과 연계한 탄소 저장량 및 흡수량 정보를 제공하며, 산림 유형별, 영급별 탄소 저장 특성을 시각화한다. 탄소공간지도(www.carbonmap.kr)는 국토교통부가 제공하며, 한국의 토지 기반 탄소 배출·흡수 데이터를 시각적으로 분석할 수 있는 탄소 관리 시스템으로, 탄소 중립 정책 수립에 중요한 역할을 한다.

환경부 온실가스종합정보센터(www.gir.go.kr)는 2009년부터 국가 온실가스 인벤토리 보고서를 발행해 토지 이용, 토지 이용 변화, 임업(LULUCF) 부문 온실가스 배출·흡수량을 산정해 제공하고, 기후변화에 관한 정부 간 협의체(IPCC)의 토지 이용 범주로 구분해 탄소 저장량 변화를 추적해 제공하지만, 토지피복 지도와 위성 영상 정보를 직접 제공하지는 않는다.

토지피복 기반 온실가스 연구 사례

토지피복 기반의 온실가스 관련 주요 연구는 다음과 같다. 아메리카 지역에서는 미국 테네시주의 토지피복 변화가 반사율, 증발산, 온실가스 배출을 통해 기후에 미치는 영향 분석 연구와 브라질 카칭가를 사례로 자연 식생에서 농경지로의 전환이 온실가스 배출 패턴에 미치는 영향 분석 연구가 수행되었다. 열대우림 지역에서는 인도네시아 수마트라의 토지피복 유형(천연림, 농경지, 이차림, 개간지)별 온실가스(CO_2, CH_4, N_2O 등) 배출량 패턴 분석 연구와 열대 이탄지(식물 잔해가 침수 상태에서 분해되지 못하고 퇴적되어 형성된 유기물 토양)의 온실가스 배출에 미치는 영향 연구가 수행되었다. 유럽에서는 스웨덴의 북방 산림 관리 활동이 서로 다른 토지피복 유형 간의 탄소 이동과 온실가스 배출에 미치는 영향 분석 연구가 수행되었고, 중국에서는 베이징, 톈진, 허베이 지역의 미래 기후에 대한 도시화와 온실가스 농도의 상대적 기여도 분석 연구가 수행되었다.

05
극한 기후 대응

지구 온난화로 인해 폭염, 한파, 폭우, 가뭄, 열대성 저기압 등 극한적인 기후 현상의 빈도와 강도가 급격히 증가하고 있으며, 이는 인간 생존에 직접적인 위협이 되고 있다. 이러한 기후위기에 효과적으로 대응하기 위해서는 위성, 항공, 드론 등을 활용한 첨단 영상 분석 기술과 머신러닝, 딥러닝, 신경망 등의 AI 기술을 적용한 정밀한 기후 패턴 예측이 필수적이며, 이는 미래 기후 대응 정책 수립의 핵심 과제로 부상하고 있다.

AI와 아이돌?

지구 온난화로 인한 극한 기후 현상

지구 온난화로 인해 폭염, 한파, 폭우, 가뭄, 열대성 저기압 등 극한 기후 현상의 발생 빈도와 강도가 급격히 증가하고 있다. 폭염은 사망률 증가와 농작물 피해를 유발하는데, 산업혁명 이전보다 1.5℃ 상승 시 폭염 발생 빈도가 8배 증가할 것으로 예측된다. 지구 온난화로 인해 극지방의 제트 기류가 약화되면서 한랭 공기가 중위도까지 내려와 강력한 한파를 초래할 수 있다. 대기 중 수증기 함량 증가로 폭우가 자주 발생하며, 도시와 해안 지역에서 홍수 위험이 증가한다. 가뭄은 농업과 식수 공급에 영향을 미치며, 산불 위험을 증가시킨다. 태풍 · 허리케인 · 사이클론 등의 열대 저기압은 해수면 온도가 상승하면서 빈도와 강도가 증가한다. 이러한 변화 중 특히 극한 폭염, 폭우, 가뭄은 인류의 생존을 직접적으로 위협하는 심각한 환경 재해로 부각되고 있다.

지구 온난화로 인한 극한 폭염

1991년~2018년 동안 최근 인간이 유발한 온난화로 인해 발생한 추가 열 노출과 관련된 사망의 37.0%가 인위적인 기후 변화에 기인할 수 있다. 2003년 여름 유럽에서 7만 명이 폭염으로 사망했고, 2010년 러시아연방에서 44일간의 폭염 동안 5만6천여 명의 사망자가 발생했다(WHO, 2024.5.28). 2000년부터 2019년까지 매년 약 49만 건의 열 관련 사망이 발생하며, 이 중 45%가 아시아에서, 36%가 유럽에서 발생했다. 2022년 여름엔 유럽에서만 폭염 관련 사망자가 6만1672명 발생한 것으로 추산된다.

2024년 북미와 중미를 강타한 치명적인 폭염은 인간이 유발한 기후 변화로 인해 발생 가능성이 35배 이상 높아졌다(WWA, 2024.6.20). 미국의 경우 1960년대에는 연평균 2회 폭염이 발생했지만, 2010년 이후 연평균 6회로 증가했고, 도시의 평균 폭염 기간은 1960년대보다 2024년 약 46일 더 길어졌다(EPA, 2025). 모기가 매개체인 뎅기열은 전년도에 비해 2024년 과테말라에서는 622%, 온두라스에서는 580%가 증가했다(IFRC, 2024.6.20).

극한 폭염 대응 기술과 사례

토지피복 기반의 폭염 대응 연구와 사례는 다음과 같다. 지역과 폭염 관련 분야는 위성 및 드론 기반 도시 열섬 감시, 인공지능 기반 도시 폭염 예측, 딥러닝을 활용한 폭염 위험 지역 예측, 토지피복 유형 및 지형적 특징이 폭염 일수에 미치는 영향 분석 등이 있다. 폭염과 토지피복 및 생태계 관련 분야는 머신러닝 기반 토지피복 변화와 폭염 간 연관성 분석 및 환경 개선 알고리즘 연구와 폭염이 식물에 미치는 영향 감시 및 예측 연구 등이 있다.

일반적인 폭염 대응 방안은 다음과 같다(환경부, 2024.3). 기상청이나 연구기관 협력으로 폭염을 예측해 조기 경보 체제를 구축한다. 보건복지부나 서울시의 폭염 경보 발령 시 취약 계층(노약자, 야외 노동자) 보호 조치를 시행한다. 지자체나 행정안전부의 도심 내 쿨링 센터(공공 냉방 시설)를 확대하고, 버스 정류장, 횡단보도 등에 그늘막을 설치하며 물 분사 시스템을 운영한다. 산림청 등에서 운영하는 도심 내 수변 공간을 확대하고, 수직 정원 및 녹지벽 등을 적용한다.

지구 온난화로 인한 극한 폭우

1980년에서 2021년 사이에 유럽연합의 국가에서 폭우로 인한 사망자는 5600명까지 발생했고, 손실액은 2500억 유로가 넘는다(EC, 2023.8.3). 유럽에서만 약 17만 명이 홍수 위험에 노출되었으며, 기후 변화로 인해 피해 인구가 금세기말까지 48만 명으로 늘어날 것으로 전망한다. 2023년 10월부터 2024년 3월까지 영국은 기록상 두 번째로 가장 많은 강수량을 기록했고, 2024년 9월에는 폴란드, 체코, 루마니아, 오스트리아, 이탈리아 등 중부 유럽 지역에 치명적인 폭우와 홍수가 발생했다. 2024년 아프가니스탄과 파키스탄에서 발생한 홍수로 1000여 명이 사망했고, 브라질에서는 80명 이상이 사망했으며, 방글라데시의 피해자는 580여만 명이다(≪조선일보≫, 2025.1.7). 아프리카 동부 케냐에서는 2024년 4월 폭우로 최소 228명이 사망하고 72명이 실종되었는데, 2024년 동아프리카 국가들에는 평년보다 최대 6배 많은 양의 비가 내렸고, 남미 브라질에서도 홍수가 발생해 90명이 사망하고 130여 명이 실종됐으며, 15만여 명의 이재민이 발생했다(≪경향신문≫, 2024.5.8).

인간 활동에 의한 기후 변화의 영향으로 인해 지난 60년간 동아시아 지역의 호우 강도가 약 17% 증가했다. 한국의 경우, 2024년 경기 파주에는 900.9mm라는 기록적인 비가 쏟아졌고, 경상남도에서는 시간당 100mm, 이틀 동안 최대 500mm가 넘는 폭우가 쏟아져 세계문화유산 고분군이 훼손되는 등 비 피해가 속출했다(KBS뉴스, 2024.9.23). 폭우의 가장 직접적인 원인인 대기천(大氣川)은 대기 중에 존재하는 거대한 수증기 흐름으로, 대양에서 증발한 수분이 대기를 통해 대륙으로 이동하는 현상을 말한다. 중위도 지역을 가로질러 고위도 지방으로 수송되는 수증기 가운데 90% 이상이 대기천을 통해 이동하는데, 1960년대 이후 대기 중 수증기량은 기온 상승으로 인해 최대 20%까지 증가하고 있다(BBC NEWS 코리아, 2024.7.30). 한국의 경우, 500년 만의 폭우가 내릴 정도로 피해가 심했는데, 중위도 지역일수록 대기천으로 인한 폭우 피해는 더욱 심해지고 있다(MBC뉴스, 2024.7.10).

극한 폭우 대응 기술과 사례

토지피복 기술을 활용한 폭우 관련 연구를 살펴보면, 대기천이 폭우에 미치는 영향 조사, 지구 온난화로 인한 대기천의 동아시아 폭우의 빈도와 강도 분석, 고해상도 영상을 활용한 대기천 예상과 강수량에 미치는 영향 실험, 토지 이용 및 기후 변화가 미래 극한 유량에 미치는 영향 예측, 기후 변화 영향하에서 적응형 빗물 수확을 위한 최적 입지 분석, 일본의 잠재적인 산사태 유발 요인인 강우량에 대한 기후 변화의 영향 평가 등이 있다.

해외의 폭우 대응 서비스는 미항공우주국의 실시간 홍수 감독(https://bit.ly/3Dtoxdw), 미국 해양대기청(NOAA,

National Oceanic and Atmospheric Administration)의 홍수 취약성 평가 및 대응 지도(https://bit.ly/3QVHOY8) 등이 있다. 한국에는 기상청이 제공하는 기상기후 빅데이터 플랫폼 '날씨마루' 서비스 중 호우피해 예측(https://bit.ly/4ixivr7), 국가기상위성센터가 제공하는 실시간 위성 영상(https://bit.ly/3XCnLlf), 행정안전부가 제공하는 국민재난안전포털(https://bit.ly/ 3F8I gzF) 등이 있다.

지구 온난화로 인한 극한 가뭄

1980년대 이후 가뭄이 발생한 지역의 면적이 3배로 증가했다. 2023년 지표면의 48%가 최소 한 달 이상 이어지는 극심한 가뭄을 겪었는데, 평균 15%였던 1980년대에 비해 3배 이상 증가했다. 가뭄으로 인해 1990년대에 비해 2024년 기준 1억5100만 명이나 더 많은 사람들이 식량 문제로 인한 영양실조를 겪게 됐고, 65세 이상 노인 인구 중 더위 관련 사망자도 1990년대에 비해 167%나 증가했다. 2024년도는 홍수와 가뭄, 열대성 저기압과 산사태를 포함한 물 관련 재해로 세계에서 8700명 이상이 사망했고 4000만 명이 이주했으며, 5500억 달러(약 809조 원)가 넘는 손실이 발생했다(≪조선일보≫, 2025.1.7). 2023년 브라질의 테페 호수에서는 수온이 섭씨 39.1도로 치솟아 돌고래 150마리가 집단 폐사했다. 2024년 9월에만 아마존에서 5만2000㎢ 이상을 태우고, 남아프리카에서는 심각한 가뭄으로 옥수수 생산량이 50% 이상 감소했고, 3000만 명이 식량 부족에 직면했다. 남수단의 경우 2023년 최소 1달 이상 가뭄이 이어진 지역이 국토의 77%에 달하며, 6개월간 이어지는 극심한 가뭄에 시달린 곳도 절반이며, 홍수 피해를 입은 이들도 70만 명 이상이다.

가뭄 대응 기술과 사례

사람들에 의해 발생하는 가뭄의 원인은 기후 변화, 삼림 파괴, 물 수요 증가 등이다. 이로 인해 질병 증가, 산불, 강제 이주 등의 문제가 발생한다. 이에 대응하기 위한 연구는 지구 온난화와 가뭄의 변화 분석, 인위적인 토지 이용 및 토지피복 변화가 지역 기후 극단에 미치는 영향 분석, 가뭄 지수와 토지피복 분류를 활용한 산불 가능성 평가, 토지피복 , 토지 이용, 기후 변화 및 식량 안보 수립, 기후와 토지피복 변화로 인한 저수지 운영 역할 수립, 토지피복 기반 기후 변화 위험 진단과 온난화 효과 완화 등이 있다.

작물 감시와 수확량 예측에 유용한 가뭄 조건에 대한

실시간 감시 서비스 사례는 미항공우주국의 가뭄 등 기후 관련 실시간 위성 영상 서비스(worldview.earthdata.nasa.gov), 미국지질조사국 소속 지구자원관측과학(EROS, Earth Resources Observation and Science) 센터의 기근 조기 경보 시스템(earlywarning.usgs.gov/fews), 글로벌 농업 감시 체계인 지오글램(GEO-GLAM, Group on Earth Observations-Global Agricultural Monitoring)의 작물에 대한 관리감독 및 가뭄, 식량 부족 및 작물 수확량 예측 보고(www.cropmonitor.org) 등이 있다.

참고문헌

경향신문(2024.5.8). 세계 곳곳서 폭염·폭우… "온난화 인한 최악 기후재난 우려", https://bit.ly/4hg9py1

조선일보(2025.1.7). [기후 변화는 지금] 홍수·가뭄 공존하는 극단 기후, 온난화로 지구 물 순환 바뀐 탓, https://bit.ly/43yENVg

환경부(2024.3). 2024년도 성과관리 시행계획

BBC NEWS 코리아(2024.07.30)극한 호우의 원인? 점점 더 파괴적으로 변하는 '하늘에서 흐르는 강'. https://bit.ly/3FdZT1b

KBS뉴스(2024.9.23). 시간당 100mm 역대 1위 '폭우'…경남 피해 속출, https://bit.ly/4kD9zSX

MBC뉴스(2024.7.10). 500년에 한 번 쏟아질 폭우, 대기의 강 범람해 살인적 물 폭탄, https://bit.ly/3Frsvnx

EC(2023.8.3). How climate change is disrupting rainfall patterns and putting our health at risk. European Commissionhttps, http://bit.ly/4idQ9T0

EPA(2025.1.15). Climate Change Indicators: Heat Waves. United States Environment Projection Agncy, https://bit.ly/3DgE0Od

IFRC(2024.6.20). Deadly heatwaves in Central America – 35 times more likely because of climate change and four times more likely than in 2000, https://bit.ly/3XC31tT

Rainforest Foundation US(2023). Brazil Amazon fires: What you need to know, https://bit.ly/4lg0Rur

WHO(2024.5.28). Heat and health. World Health Organization, https://bit.ly/4icwTFx

WWA(2024.6.20). Extreme heat killing more than 100 people in Mexico hotter and much more likely due to climate change. World Weather Attribution, https://bit.ly/41QsZMP

06
해양·습지 관리

해양은 육상의 6배에 달하는 탄소를 저장하고, 약 30%를 더 흡수한다. 습지는 지구 내 탄소의 20% 이상을 저장하며, 1제곱미터당 저장된 탄소의 양이 산림보다 5배, 바다보다 500배 더 많다. 토지피복 기술의 활용을 통해 위성, 항공, 드론 등을 통해 수집한 고해상도 영상을 머신러닝과 딥러닝을 이용해 해양과 습지의 훼손을 감지하고, 변화를 예측할 수 있다.

AI와 야구?

지구 온난화와 생태계의 관계

인간에 의한 기후 변화라는 관점에서 대기, 지상 생물권, 해양은 끊임없이 탄소를 교환하는 상호 연결된 생태계다. 21세기 지구의 탄소 저장 비중을 보면, 해양은 3만 8000기가 톤 탄소(GtC, Gigatonne of Carbon)를 저장해 대기의 50배, 육상의 6배에 달하는 압도적인 탄소 저장고 역할을 수행한다(World Ocean Review, 2010). GtC은 탄소의 질량을 측정하는 단위로, 1GtC(탄소 1기가 톤)은 3.67GtCO$_2$-eq(3.67기가 톤의 이산화탄소)와 같다. 이러한 차이는 탄소와 이산화탄소의 분자량 차이로 발생한다. 반면 토양은 약 6,150GtC, 대기는 약 760GtC의 탄소를 저장하고 있다.

산업혁명 이후 200년간의 지구 탄소 순환에서 약 384GtC의 탄소가 배출되었는데, 이는 화석 연료 연소로 인한 244GtC와 토지 이용 변화로 인한 140GtC로 구성된다. 이 중 해양은 약 118GtC를, 육상은 약 101GtC를 탄소를 흡수했고, 그 결과 대기의 탄소량은 165GtC가 증가해 산업혁명 당시 약 597GtC에서 21세기 현재 약 762GtC로 증가했다. 대기 중 공기 분자 100만 개 중 온실가스 분자의 수 ppm(parts per million) 농도 기준으로 보면, 온실가스의 농도는 산업혁명 이전 약 280ppm에서, 21세기

420ppm 이상 증가한 것이다(NASA, 2023).

지구의 평균 온도 상승폭을 1.5℃ 이하로 유지하려면 2050년까지 대기 중 온실가스 농도를 350ppm 이하로 낮추어야 한다. 온실가스는 대기 밖으로 방출이 불가능하므로, 대기 중 온실가스 농도를 낮추는 방법은 해양 흡수, 육상 흡수, 인공 포집 세 가지가 있다. 즉 온실가스의 배출량 388GtC 중 화석 연료 사용으로 발생한 244GtC를 감소시키거나, 해양과 토지의 온실가스 흡수량을 증가시키는 것이다.

지구 온난화로 인한 해양 파괴

산업혁명 이후 배출된 온실가스 양 약 384GtC 중 해양은 약 30%(118 GtC)를 흡수하고, 지표면 열의 90% 이상을 흡수해, 2024년 해수면 온도는 20세기 평균보다 0.97℃ 더 높아졌다. 이는 해양 순환과 생태계 균형을 위협하는 주요 요인으로 작용하며, 산호초 백화, 빙하 및 빙상 붕괴, 해수면 상승 등 다양한 문제를 초래할 수 있다. 해수 온도 상승은 해양 탄소 순환과 해류 패턴을 변화시켜 기후 변화를 더욱 가속화하며, 해양의 탄소 흡수 능력을 저하시켰다. 특히, 산호초 75% 이상이 지구 온난화로 인해 백화 현상을 경험하는 등 해양 생태계가 붕괴되고 있다.

해양 오염도 해양 생태계 전반을 위협한다. 2024년 말 기준, 세계 해양에는 7500만~1억9900만 톤의 플라스틱이 존재하며, 이는 해양 생물들에게 심각한 영향을 미친다. 특히, 미세 플라스틱은 해양 먹이 사슬을 교란하고, 플랑크톤과 해조류의 광합성을 방해해 해양 생태계 내 탄소 순환을 왜곡한다. 아시아 지역은 부실한 폐기물 관리, 일회용 플라스틱 사용 증가 등의 문제로 인해 세계 해양 플라스틱 오염의 81%를 차지하고 있다.

토지피복 기반 해양 보호 사례 및 연구

유엔환경계획의 GCRMN(UNEP's Global Coral Reef Monitoring Network)은 세계 산호초의 상태를 감시하기 위해 위성 이미지와 현장 데이터를 결합해 산호초 건강 상태를 평가하고, 보호 및 복원 전략을 수립하기 위한 서비스(https://bit.ly/3Dcj8Yr)를 제공하고 있다. 블루 카본 이니셔티브(Blue Carbon Initiative)는 맹그로브, 소금 습지, 해초 밭과 같은 해양 생태계의 탄소 저장 능력을 보호하고 증진하기 위해 설립된 프로그램(www.thebluecarboninitiative.org)이다. 해양공간계획 MSP(Marine Spatial Planning)는 토지피복 데이터를 기반으로 해양 자원의 지속 가능한 이용과 보호를 위한 공간 계획을 수립하는 서비스(www.mspglobal2030.org)다. 미국 해양대기청 NOAA의 디지털 코스트(Digital Coast) 프로그램(coast.noaa.gov/digitalcoast)은 해안 지역의 토지피복 변화를 감시하고, 이를 기반으로 해안선 침식, 홍수 위험, 생태계 변화 등을 평가하는 서비스다. 유럽우주국의 코스트 컬러(Coast Colour) 프로젝트(www.coastcolour.org)는 위성 데이터를 활용해 연안 수역의 수질, 식생, 토지피복 변화를 감시하는 서비스다.

토지피복 기반 해양 생태계 관련 연구는 다양한 공간과 조건에서 이루어졌다. 위성 및 원격 탐사 기술을 활용해 해양 표면 온도 변화를 실시간으로 감시하고, 이상 해류 형성과 산호초 백화 현상을 조기에 탐지했다. 지구 기후 변화 조건하에서는 열대 섬 지역의 토지피복 및 이용 변화를 분석했고, 파타고니아 피오르에서는 기후 및 토지피복 변화가 담수 유입에 미치는 영향을 규명했다. 또 대서양 섬 지역에서는 토지피복 변화에 따른 환경적 · 사회적 변화를 분석하고 미래를 예측했다. 초분광 센서를 활용한 해양 수질 분석을 통해 부영양화 및 오염 확산 지역을 신속히 파악하고, 데이터 기반의 보호구역을 설정했다. 마지막으로, 블루카본 생태계의 탄소 흡수량을 정량화하기 위해 드론과 AI 기술을 활용해 해초 지대와 맹그로브 숲의 면적 변화를 분석했다.

습지 유형별 파괴 현황

습지는 지구 표면의 1%밖에 차지하지 않지만, 지구 내 이산화탄소의 20% 이상을 저장하고 있다. 습지는 1제곱미터당 저장된 이산화탄소의 양은 숲의 5배, 바다의 500배다(환경일보, 2024.8.22). 습지는 해안 지역에 위치하고 조수의 영향을 받는 조간대 습지와, 내륙의 담수나 담수와 육지가 만나는 지역에 위치하는 일반 내륙 습지로 구분된다.

조간대 습지의 일종인 맹그로브(Mangroves)는 열대와 아열대 해안가에 위치한 나무와 관목으로 이루어진 생태계로, 염분에 적응한 식물들이 서식하며, 해안선을 보호한다. 블루카본(바닷가 서식 생물, 소금 습지 등 해양 생태계가 흡수하는 탄소) 구성 요소 중 하나로, 단위면적당 탄소 저장량이 열대 우림의 3~5배로 약 6.23기가 톤의 탄소가 저장돼 있다. 1ha 맹그로브 숲이 매년 흡수하는 탄소량은 34톤이다(환경일보, 2024.6.24). 가장 넓은 맹그로브 숲을 보유한 인도네시아는 무분별한 개간과 파괴로 인해 2015년 맹그로브 숲의 40%를 소실했다. 태국은 맹그로브 숲의 3분의 1을 소실했고, 맹그로브 생태계의 50%가 멸종 위험에 처해 있다.

조간대 습지의 일종인 조간대 마스(Tidal marshes)는 해안 지역에 위치한 초본 식물 중심의 습지로, 조수의 영향을 받으며 염분 환경에 적응한 식물들이 자라는 생태계다. 매년 약 53.65TgC(테라그램)의 탄소를 축적하는데, 이는 해양 바닥에 매장되는 유기 탄소의 약 30%에 해당하는 양이다. 조간대 습지는 1999~2019년 동안 1만 3700㎢가 손실되었고, 9700㎢가 회복되었다.

일반 습지 일종인 이탄습지(Peatlands)는 죽은 식물이 완전히 분해되지 않고 쌓여 두꺼운 유기물 층을 형성한 습지로, 지구 지표면의 3%를 차지하지만 저장된 탄소량은 최소 약 550억Gt(기가 톤)으로 지구 전체 토양이 저장하는 양의 44%이고, 1년간 흡수하는 탄소의 양은 0.37Gt이다(동아사이언스, 2022.11.7). 산불 등으로 인해 인도네시아, 수마트라섬 등의 이탄습지는 계속 파괴되고 있다.

일반 습지의 일종인 담수(Freshwater) 습지는 물과 육지가 만나는 지역에 형성된 담수 중심의 습지로, 강, 호수, 저지대 등에서 발견되는 생태계다. 담수 습지는 육상 산림 생태계보다 2~3배 더 높은 탄소 격리 능력을 가지고 있다. 한국의 대표적인 담수 습지인 경남 창녕군 우포늪의 경우 약 11만6000톤의 탄소가 저장되어 있다(국립낙동강생물자원관, 2024.10.24). 그간 한국 습지도 74개소가 소실되고, 91개소의 면적이 감소되었다. 1989년부터 2009년까지 내륙 습지 면적의 61%가 감소했다(환경일보, 2024.5.2).

일반 습지의 일종인 소금 습지(Salt marshes)는 염분이 높은 해안 지역에 위치한 초본 식물 중심의 습지로, 조수의 영향을 받으며 독특한 염생 식물들이 서식한다. 동일 크기 소금 습지의 탄소 흡수 비용은 산림의 21% 수준으로 낮다. 그러나 세계의 소금 습지는 지난 20년간 여의도 면적의 500배(1452.84㎢)가 사라졌다(뉴스펭귄, 2022.12.9).

토지피복 기반 습지 보호 사례 및 연구

국립생태원은 한국의 습지 보전과 관리를 위해 습지현황지도서비스(www.nie-ecobank.kr)를 제공하고 있다. 전국의 주요 습지의 위치, 면적, 특징, 지정 일자 등의 정보를 담고 있으며, 각 습지의 상세 내용을 확인할 수 있다. 환경부는 습지뿐만 아니라 도시 · 주거지, 농림, 산림, 나지, 수변, 초지 지역 등 7가지 대분류 아래 41개 세분류까지 최대 50m 해상도의 토지피복 지도(egis.me.go.kr)를 제공하고 있다.

미국 뉴햄프셔의 고해상도 습지 매핑은 소금 습지의 현재 상태와 미래 회복력을 평가하는 데 사용되었다. 즉, 10개의 습지 유형을 구분해 습지별로 복원, 실험 과학, 토지 보전 및 토지 사용 계획이 가장 효과적일 수 있는 곳을 정확히 파악하는 데 사용되었다(NOAA, 2025.3.6).

토지피복 기술을 활용해 습지를 보호하기 위한 연구는 다음과 같다. 정밀 위성 영상 분석으로 습지의 면적 변화와 토양 수분 함량의 실시간 감시 및 습지 파괴 지역을 조기에 탐지한다. 이후 탐지, 드론 기반 3D 매핑 기술을 활용해 습지의 침식 패턴 분석 및 최적의 복원 전략을 도출하고, AI 기반의 시뮬레이션 모델을 통해 수자원 흐름을 예측한 후, 이를 바탕으로 습지 복원 및 인공 습지 조성을 체계적으로 추진한다.

참고문헌

국립낙동강생물자원관(2024.10.24). 우포늪 퇴적토에서 11만 6천톤 탄소 저장량 확인, https://bit.ly/43sPDMr

뉴스펭귄(2022.12.9). 세계 소금 습지, 20년간 여의도 면적 500배 사라져, https://bit.ly/43tSG7a

동아사이언스(2022.11.7). 위기의 탄소저장고 '이탄지'…기후 변화로

몸살, https://bit.ly/3F9nhwE
환경일보(2024.5.2). 훼손, 개발, 소실… 내륙습지 면적 61% 감소, https://bit.ly/4hfCBoR
환경일보(2024.6.24). [환경의달 기획특집] 기후위기 시대 새로운 탄소 흡수원 '맹그로브 숲' 주목, https://bit.ly/4bAA1si
환경일보(2024.8.22). [2024 생물 다양성 녹색기자단] 습지생태계와 탄소 중립, https://bit.ly/41wUIkf
IPCC(2019). Climate change and land, https://bit.ly/3Fp58ej
NASA(2023). Carbon dioxide levels. NASA Global Climate Change, https://bit.ly/41PkVMm
NOAA Office for Coastal Management(2025.3.6). Improving our Coasts with High-Resolution Land Cover Data, https://bit.ly/4iyAMV0
World Ocean Review(2010). The carbon reservoir of the oceans, https://bit.ly/41NROJf

07
산림·초원 관리

산림은 지구 탄소 순환의 핵심으로, 대기 중 이산화탄소의 약 2배인 861억 톤의 탄소를 저장한다. 그러나 기후 변화로 인한 고온 건조 현상은 산불을 증가시켜 산림을 훼손하고 탄소 배출을 가속화한다. 이를 막기 위해 위성, 드론, IoT, 블록체인, 라이다, 토지피복 분석 · 예측 등 첨단 기술을 활용한 산림 보존 서비스가 도입되고 있다.

AI와 운동주?

산림과 지구 온난화

산림은 광합성을 통해 대기 중 이산화탄소(CO_2)를 흡수하고, 바이오매스와 토양에 탄소를 저장하는 지구 탄소 순환의 핵심 요소다. 세계 숲의 나뭇가지, 잎, 뿌리, 그리고 토양에는 861기가 톤의 탄소가 저장되어 있다(Woodwell Climate Research Center, n.d.). 숲은 매년 대기에서 약 160억 톤의 이산화탄소(CO2)를 제거하는 것으로 추산되며, 이는 인간이 화석 연료로 인해 배출되는 연간 이산화탄소의 약 절반에 해당한다(World Bank, 2023.6.5). 2023년 화석 연료로 인해 배출된 이산화탄소량은 368억 톤이고 삼림 벌채와 캐나다의 극심한 산불 시즌 등 다른 배출원을 포함할 경우, 409억 톤으로 추산된다(NASA, 2024.3.5).

산림 파괴는 탄소 배출뿐 아니라 수분 순환과 증발산 작용 약화, 지역 기후의 불안정화, 산불 위험 증가 등으로 지구 온난화를 가속시킨다. 기후 변화가 심화될수록 극한 기상, 병해충, 산불 등으로 인해 산림의 탄소 흡수 기능은 더욱 약화될 수 있다. 유엔의 산림탄소 축적 사업인 REDD+와 같은 국제 프로그램은 산림 보존과 복원을 통해 온실가스 배출을 줄이고, 지속 가능한 산림 관리를 통해 기후 변화에 대응하고자 한다. REDD+는 산림의 생태계 서비스와 생물 다양성 보전, 지역 공동체의 생계 향상까지 포괄하는 접근을 취한다(UNFCCC, 2023).

산림 파괴 현황

산림은 대기 중 이산화탄소를 흡수하고 저장하는 주요 탄소 저장소로서, 지구 온난화 완화에 핵심 역할을 한다. 육지에 서식하는 동물, 식물, 곤충 종의 80% 이상이 산림 생태계에 서식하고 있으며(IISD, 2025.3.9), 지역 기후 조절, 수자원 공급, 토양 보호 등의 기능을 수행한다. 그러나 산림 벌채, 산불, 도시 확장, 농경지 개발 등으로 인해 산림 면적이 급감하고 있으며, 이로 인해 탄소 저장 능력 저하, 지역 기후 변화 가속화, 생물 다양성 감소 등의 문제가 발생하고 있다.

산림 벌채와 훼손으로 인해 저장된 탄소가 대기 중으로 방출된다. 세계 온실가스 배출량의 약 10~15%가 산림 파괴로 인한 것이며, 2023년 열대 우림 손실 총량은 370만 헥타르로 추정된다. 이로 인해 2.4기가 톤의 이산화탄소가 배출되었는데, 이는 미국의 연간 화석 연료 배출량의 거의 절반에 해당한다. 2025년 캘리포니아주 로스앤젤레스의 대규모 산불은 이러한 환경 위기의 심각성을 잘 보여 준다.

토지피복 기반 산림 연구

토지피복 기술을 활용한 산림 보호 및 복원 방안 연구는 위성 실시간 산림 감시를 이용한 기후 변화 분석, 산림 관리 실패와 농업 및 도시 확장이 산불의 빈도와 강도에 미치는 영향 분석 등이 있다. 특히 프랑스의 FLAIR (French Land cover from Aerospace ImageRy) 프로젝트는 전 국토를 대상으로 다양한 광학 위성 영상을 활용해 구축된 대규모 토지피복 의미론적 분할 데이터 세트로, 고해상도 지도 생성을 위한 딥러닝 모델 학습에 적합하도록 설계되었으며, 유럽 내 최초의 국가 단위 학습용 자료로 평가된다(Garioud et al., 2023). 한국도 산림 관리 및 재난 예측을 위해 토지피복 연구가 진행되고 있다(문혜정 · 조남욱, 2024; 전청옥 외, 2024). 고해상도 위성과 드론 영상을 분석해 불법 벌목 지역을 자동 탐지하고, AI 기반 패턴 분석을 활용해 산불 발생 가능성을 조기에 감지할 수 있다. 또 라이다를 이용해 산림의 생물량과 탄소 저장량을 정밀하게 측정함으로써, 최적의 복원 전략을 수립했다.

초원과 지구 온난화

육상 생물권에서 초원은 지구 육지 면적의 약 20~40%

를 차지하며(National Geographic, 2023), 전체 토양 유기탄소의 약 30%를 저장하고 있다(FAO, 2021). 초원의 주요 탄소 저장 형태는 깊고 넓게 분포된 뿌리를 통한 토양 내 탄소 축적으로, 토양 탄소 회복 방식을 적용할 경우 에이커당 평균 2.6톤의 탄소를 축적할 수 있으며, 세계적으로 연간 약 21.6기가 톤(Gt)의 탄소 저장 잠재력을 가진 것으로 추정된다(Carbon180, 2020). 그러나 초원은 농지 전환, 방목 압력, 도시 확장, 기후 변화 등으로 탄소 흡수 기능이 위협받고 있으며, 관련해 토양 유기물 감소와 함께 사막화, 수분 부족, 탄소 방출 등 복합적인 환경 문제가 발생한다. 일부 연구는 초원이 산불과 가뭄에 더 강해 숲보다 안정적인 탄소 저장소로 기능할 수 있음을 보여 준다(Dass et al., 2018). 그럼에도 현재 세계 초원의 10% 미만만이 보호받고 있어, 초원의 보전과 지속 가능한 관리가 기후위기 대응의 핵심 방안으로 떠오르고 있다.

초원 파괴 현황

초원은 대규모 탄소 저장고 역할을 하며, 주요한 방목지로서 식량 생산에 기여하고, 토양을 보호하는 기능을 한다. 그러나 사막화, 과도한 방목, 농업 확장 등의 문제로 인해 초원이 급격히 감소하고 있으며, 이는 토양 유실 및 기후 변화 가속화로 이어진다. 초원 생태계가 파괴되면 토양 내 탄소가 대기 중으로 방출되면서 온실가스 농도가 증가하고, 이로 인해 더욱 극단적인 기후 변화가 초래될 수 있다.

기후 변화가 산악 초원의 토양 침식과 가뭄을 심화하고 있으며, 특히 강우 강도 증가와 장기 가뭄이 초원 생태계를 위협하고 있다. 토양 침식은 세계적으로 2.3% 증가할 것으로 예상되며, 남아메리카(+19.4%)와 아프리카(+10.0%)에서 피해가 가장 클 것으로 분석되었다. 2022년 유럽에서 발생한 극심한 가뭄으로 인해 초원의 생산성이 급격히 감소했으며, 스페인, 프랑스, 이탈리아 등 남유럽에서 큰 피해가 관찰되었다.

토지피복 기반 초원 관련 연구

RAP(Rangeland Analysis Platform)는 미국 서부 지역의 방목지 및 초원 생태계를 위성 데이터 기반으로 감시하고, 식생 변화, 생물 다양성, 토양 탄소 저장을 평가하는 서비스(rangelands.app)를 제공하고 있다. CLMS는 유럽의 초원 지역을 대상으로 위성 데이터를 활용해 초지 상태, 토양 습도, 생물 다양성 변화를 감시하는 서비스를 제공하고 있다(https://bit.ly/41Njzlg). 글로벌 패스처 와치(Global Pasture Watch)는 글로벌 초원 및 방목지의 변화를 감시하기 위해 위성 데이터와 머신러닝을 활용해 토지피복 변화를 분석하고, 지속 가능한 목축 관리를 지원하는 서비스를 제공하고 있다(globalpasturewatch.org).

토지피복 기술을 활용한 초원 생태계 보호를 위한 연구는 위성 및 드론을 활용한 사막화 진행 감시, 초분광 영상 분석으로 초원의 식생 건강도 평가, 기후 변화로 인한 방목지 생태계 변화 연구, 머신러닝 기반 기후와 토지 모델 구축 및 초원 지역의 강우 패턴과 식생 변화 예측, 기후 변화 시나리오에 따른 미래 초원 식생 피복 변동 예측 등이 있다.

산림·초원 피복감시 서비스

글로벌 포레스트 와치(Global Forest Watch)는 위성 이미지를 활용한 실시간 산림 감시 플랫폼으로, 불법 벌목 및 산림 훼손 지역을 추적하고 알림을 제공하는 오픈 데이터 시스템(globalforestwatch.org)을 제공하고 있다. 포레스트 와처(Forest Watcher, forestwatcher.globalforestwatch.org)는 현장 기반으로 산림 변화를 추적·

보고하는 모바일 앱 서비스를 제공하고 있다. 글래드(GLAD)는 주간 산림 훼손 감시 시스템(glad.umd.edu)으로, 산림 감소 지역을 자동 식별해 조기 대응을 지원한다. 파이어와치(FireWatch)는 광학 센서를 활용해 초기 산불을 감지하기 위한 지능형 산불 관리 시스템(iq-firewatch.com)으로, 최대 10km 반경의 연기를 감지하고 조기 경보를 제공한다. 펌스(FIRMS)는 미항공우주국이 운영하는 위성 기반 화재감지 시스템(https://bit.ly/3DnU3ts)으로, 거의 실시간으로 세계 화재 위치 정보를 제공한다. 앨러트캘리포니아(ALERTCalifornia)는 AI 기반 카메라 네트워크로 산불을 감시하는 서비스다(alertcalifornia.org).

초원 피복 관리 서비스는 유럽이 앞서가고 있다. 코페르니쿠스(https://bit.ly/3XBcoKu)는 유럽 전역의 초원 분포를 10m 해상도로 지도화하며, 3년 주기로 업데이트된다. 이 서비스는 다중 분광 위성 자료(센티넬-2 등)를 활용해 목초지와 자연 초지를 분류하고, 농업 통계, 토지 이용 계획, 생물 다양성 보존 전략 수립 등에 활용된다. 유럽연합(https://bit.ly/41RykUn)은 회원국의 영농 신고 자료(Area Monitoring System)와 센티넬(Sentinel) 위성으로 촬영한 영상 기반의 시간대 분석을 결합해 실제 초원 활동(방목, 예초 등)을 감시한다. 이 시스템은 유럽공동농업정책(CAP)의 조건부 보조금 지급 여부를 검증하고, 초원 유지 · 보호 상태를 실시간으로 감시하기 위한 행정 도구로 활용된다.

참고문헌

문혜정·조남욱(2024). 프랑스 국토 분류 딥러닝 재연 및 한국 국토의 변화 예측 및 활용을 위한 연구방안 설계. 한국컨설팅학회 추계학술대회. 대전.

전청옥 외(2024). 토지피복 분류와 지상부 바이오매스 추정량을 이용한 보호 지역 산림 탄소저장량 분석· 비교 연구. ≪국립공원연구지≫, 15(2), 154-162쪽.

Carbon180(2020). Soil carbon moonshot: Roadmap for US soil carbon policy, https://bit.ly/43ymwYo

Dass, P. et al.(2018). Grasslands may be more reliable carbon sinks than forests in California. *Environmental research ketters*, 13(7), 074027.

FAO(2021). Global assessment of soil carbon in grasslands. Food and agriculture Organization of the united nations, https://bit.ly/4cbjStO

Garioud, A. et al.(2023). FLAIR: a country-scale land cover semantic segmentation dataset from multi-source optical imagery. *Advances in Neural Information Processing Systems*, 36, pp.16456-16482.

IISD(2023.3.9). Forests. International Institute for Sustainable Development, https://enb.iisd.org/topics/forests

NASA Earth Observatory(2024.3.5). Emissions from fossil fuels continue to rise. https://bit.ly/3SQCR3U

National Geographic(2023). Grasslands explained. National Geographic Education, https://bit.ly/4hRI9Gk

UNFCCC(2023.3.21). A look at REDD+ on the International Day of Forests, https://bit.ly/42elRcl

Woodwell Climate Research Center(n.d.). Global forest carbon storage, explained. https://bit.ly/3H9AVAU

World Bank(2023.6.5). Deforestation is accelerating climate change and threatening biodiversity. World Bank Blogs. https://bit.ly/4dCfDIz

08
초분광 영상 기반 수자원 관리

기후 변화로 인한 강수 패턴 변화, 영구 수원 감소, 극한 수문 현상 등의 문제는 환경과 경제 시스템에 심각한 위협이다. AI와 초분광 영상 기술을 이용한 토지피복 연구는 수자원 감시의 정밀도를 높이고, 실시간 데이터 분석을 통해 강우량 예측과 수질 변화 감지를 가능하게 한다. 이러한 첨단 기술은 도시 물 관리, 농업용수 최적화, 홍수 및 가뭄 대응에 중요한 역할을 하며, 지속 가능한 수자원 관리 전략의 핵심 요소로 부상하고 있다.

AI와 한의학?

토지피복과 수자원 피복의 차이

토지피복과 수자원 피복은 모두 지표면을 덮고 있는 물리적 상태를 분석하는 기술이지만, 관측 대상에는 분명한 차이가 있다. 토지피복은 도시, 산림, 농지, 도로, 초지 등 육지 위의 고정된 피복 유형을 중심으로 관찰한다. 반면 수자원 피복은 하천, 호수, 저수지, 해안선, 습지 등 물과 관련된 지표 또는 수변 지역을 주요 관측 대상으로 삼는다. 육상 피복은 비교적 안정적이고 장기적인 변화가 많은 반면, 수면은 기후나 계절 변화에 민감하게 반응하며, 단기간 내 큰 변화를 보일 수 있다. 이 때문에 관측 주기와 필요한 센서의 특성도 달라진다.

분석 지표의 측면에서도 두 분야는 뚜렷한 차이를 가진다. 토지피복은 일반적으로 가시광선, 근적외선, 고도, 경사도 등의 정보를 활용해 식생 상태, 건축물 분포, 도시 확산 등을 해석한다. 반면 수자원 피복은 정규수분지수, 수역 경계, 엽록소 농도 등 수질 및 수면 특화 지표를 활용한다. 특히 초분광 영상(Hyperspectral Imaging)은 수자원 분석에서 수질 오염, 조류 종류 구분, 습지 생태계 건강성 등 일반 영상으로는 분류할 수 없는 미세한 화학적 특성을 추출하는 데 활용된다. 수자원은 물리적 경계와 화학적 상태까지 분석해야 하기 때문에 복잡성이 더 높다.

활용 목적에서도 두 기술은 서로 다른 정책 영역과 맞닿아 있다. 토지피복 정보는 도시 계획, 토지 이용 규제, 산림 보전, 탄소 흡수원 관리 등 공간 계획과 개발 관리에 중점을 둔다. 한편, 수자원 피복은 수질 감시, 홍수 예측, 가뭄 감시, 습지 보호, 수생 생태계 보전에 활용된다. 예를 들어 도시 확장으로 인한 불투수 면적 증가를 감시하는 것이 토지피복의 역할이라면, 그 결과로 발생하는 빗물 유출과 하천 오염 추적은 수자원 피복의 역할이다. 두 기술은 상호 보완적으로 작동하지만, 분석 초점과 대응 대상은 뚜렷하게 구분된다.

수자원 피복의 자료 초분광 영상

수자원 피복 자료는 하천, 호수, 저수지, 해안선, 습지 등 수면 및 수변 지역의 상태를 기록한 공간 정보로, 수역의 면적, 분포, 변화뿐 아니라 수질 특성까지 파악할 수 있다는 점이 특징적이다. 특히 엽록소 농도, 탁도, 조류 번식, 용존 유기물 등 물의 화학적 특성까지 포함해 정량적으로 분석할 수 있어 수생 생태계 감시, 가뭄 · 홍수 대응, 습지 보호 등 다양한 환경 분야에 활용된다. 수자원 피복 자료는 계절 · 기후 변화에 민감하게 반응하며 짧은 시간 내에도 큰 변화를 보일 수 있어, 반복 · 정밀한 관측이 필요하다. 이에 따라 고해상도 영상과 고분광 데이터의 중요성이 더욱 부각된다.

수자원 피복은 일반적인 토지피복과 관측 대상, 분석 지표, 활용 목적에서 차이를 보인다. 토지피복은 도시, 농지, 산림, 도로 등 육상 피복을 중심으로 하고, 고도 · 경사 · 식생지수 등을 활용해 땅의 구조와 이용 변화를 분석한다. 반면 수자원 피복은 수역의 범위, 수질, 수변 식생, 수체 내부의 생물학적 변화를 관찰하며, 수분 지수, 엽록소 지수, 탁도 등 수질 특화 지표를 활용한다. 또 토지피복이 도시 계획, 산림 보전, 탄소 흡수원 평가에 초점을 둔다면, 수자원 피복은 수질 관리, 생태 보전, 기후 대응과 같은 환경 정책에 더 가깝다. 결국 두 영역은 기술은 유사하지만 목적과 초점이 다르다.

수자원 피복의 정밀한 분석에는 초분광 영상이 핵심 기술로 사용된다. 이 기술은 수백 개의 좁은 파장대를 연속적으로 감지해, 수체(水體: 물이 모인 물리적 단위)의 조류 종류, 엽록소 농도, 유기물 함량, 수변 식생의 상태 등 기존 영상으로는 분석하기 어려운 성분 정보를 추출할 수 있다. 일반 RGB나 다중 분광 영상이 주로 겉모습과 범주를 분류하는 데 그친다면, 초분광 영상은 성분 수준의 차이를 정량적으로 분석한다는 점에서 차별화된다. 위성, 항공기, 드론에 장착된 초분광 센서를 통해 수자원 피복을 반복적이고 광범위하게 관측할 수 있으며, 특히 습지와 같은 민감 생태계의 건강 상태를 평가하는 데 유용하다. 이러한 기술은 수질 감시, 조기 오염 경보, 생태계 복원 정책 수립에 과학적 근거를 제공한다.

기후 변화로 인한 강수 패턴 변화 및 대응

기후 변화로 인한 가장 직접적인 수자원 영향은 강수 패턴의 변화다. 전 지구적 온난화는 대기의 수분 보유 능력을 증가시키며, 이는 강수 역학의 근본적 변화로 이어진다. 기상학적 연구와 관측 데이터에 따르면, 고위도 및 적도 부근 지역의 강수량은 증가하는 반면, 아열대 건조 지역의 강수량은 감소하는, 즉 '습한 곳은 더 습해지고 건조한 곳은 더 건조해지는' 현상이 강화되고 있다 (IPCC, 2021). 특히 계절성 강수의 시기와 지속 기간이 변화하고 있으며, 몬순 시스템의 변동성 증가, 우기와 건기의 경계 불분명화 등이 관측되고 있다. 또한 동일한 연간 총강수량을 가진 지역에서도 강수 일수는 감소하고, 강수 강도는 증가하고 있다.

관련 연구는 인도 동부 지역의 1901～2010년간 일 강수 데이터를 사용한 기후 변화가 강수의 IDF(Intensity Duration Frequency. 강도-지속 시간-빈도) 관계에 미치는 영향 연구, 네덜란드의 1951~2009년 강수 패턴 변화를 분석하면서 토지피복 특성과의 연관성을 중점적으로 조사한 연구, 초분광 영상과 현장 측정을 결합해 관목 침입(woody encroachment)에 따른 토지피복 변화가 질소 산화물 배출에 미치는 영향 등이 수행되었다.

기후 변화로 인한 수원 감소 및 대응

기온 상승은 전통적인 '물탱크' 역할을 하는 빙하, 적설량, 영구 동토 층에 심각한 영향을 미친다. 세계 산악 빙하의 가속화된 융해는 단기적으로는 하류 지역의 유량 증가를 가져올 수 있으나, 장기적으로는 안정적인 수원의 감소를 의미한다.

수원 감소와 관련해 수행된 연구로는 히말라야, 안데스, 알프스 등 주요 산맥의 빙하 감소와 일대 수십억 인구의 수자원 안보 관련 위협 연구, 초고해상도 위성 이미지와 디지털 표고 모델을 활용한 2000~2019년 세계 21만7175개 빙하의 질량 변화 분석, 중앙아시아 수자원 감소 연구에서 테라(Terra)와 아쿠아(Aqua) 위성의 모디스(MODIS) 센서에서 제공하는 토지피복 데이터 세트

(MCD12Q1)를 활용한 토지 이용 변화와 수자원 동태 간의 상관관계 분석, 미국지질조사국에서 개발한 하이퍼스펙트럼 데이터 분석 소프트웨어 테트라코더(Tetra-corder) 및 전문가 시스템을 활용한 지구 및 행성 원격탐사 기법 소개 등이 있다.

기후 변화로 인한 극한 수문 현상 및 대응

수문(水文) 현상은 강수, 증발, 침투, 지하수 흐름, 하천 유출 등 지표면 위와 아래에서 물이 이동·변화하는 자연 현상을 말한다. 기후 변화는 폭우, 가뭄, 침수 등 극한 수문 현상의 빈도, 강도, 지속 기간 등을 증가시킨다. 플래시 가뭄(Flash Drought)은 갑작스럽게 발생해 땅을 메마르게 한다. 플래시 가뭄의 증가가 농업시스템에 미치는 영향에 대한 연구는 다음과 같다. 플래시 가뭄의 증가로 인한 농업 시스템의 취약성 증가 분석, 인간 활동에 따른 토지 이용 및 토지피복 변화 분석, 사하라 이남 아프리카에서 원격 탐사를 활용한 토지 이용과 토지피복 변화(LULCC, Land Use and Land Cover Change)와 기후 변동성이 수문학적 과정에 미치는 영향 분석 등이 있다. 2장에서 기술한 LULUCF(토지 이용 변화 및 임업, Land Use, Land-Use Change and Forestry)는 탄소 산정용 정책 용어인데 반해, LULCC는 변화 분석용 과학 개념이다.

수자원 문제로 인한 농업·산업 문제

수자원 변화는 농업 시스템에 직접적인 영향을 미친다. 예컨대, 세계 농업용수는 인간이 사용하는 물의 약 70%를 차지하는데, 강수량 감소, 가뭄 빈도 증가, 관개용수 가용성 변화는 작물 생산성에 중대한 영향을 미친다.

자연에 의존하는 천수 농업이 대부분인 개발도상국 지역의 수자원 스트레스와 농작물 선택, 재배 방식, 관개 기술의 변화 연구, 기후 변화로 인한 유량 패턴 변화에 직접적으로 영향을 받는 수력발전 문제는 산업 활동 측면에서는 제조업, 광업, 식품 가공 등 물 집약적 산업이 수자원 스트레스 증가로 인한 운영 위험에 직면해, 생산 비용 증가, 공급망 중단, 산업 재배치 압력으로 나타날 수 있다.

수자원 문제로 인한 도시·외교 문제

안전한 식수와 위생 시설에 대한 접근성은 기본적인 인권이자 건강의 필수 조건이다. 기후 변화로 인한 수자원 변화는 인간 생존을 위한 기본 서비스의 제공을 위협한다. 취약 계층과 저소득 지역의 수인성 질병의 증가, 위생 문제 악화, 영양 섭취 저하 등 건강 영향 연구, 공유 수자원에 대한 경쟁 심화는 심각한 국가 간 긴장 문제와 갈등 위험 문제 등을 유발한다. 반면, 수자원 문제는 국가 간 협력의 기회가 될 수도 있다. 공동 감시 시스템 구축, 유역 단위 관리 체계 수립, 물-에너지-식량 넥서스(W-E-F Nexus)에 대한 통합적 접근 등은 국제 협력을 강화하고, 지역 안정에 기여할 수 있다.

기후 변화 시대 수자원 관리 전략

기후 변화 시대의 수자원 관리는 전통적인 공급 중심 접근법에서 벗어나 수요 관리, 생태계 기반 적응, 위험 분산 등을 포괄하는 통합적 접근이 필요하다. 특히 유역 단위의 통합 수자원 관리(IWRM, Integrated Water Resources Management)는 다양한 이해관계자의 참여와 부문 간 조정을 통해 보다 효과적이고 지속 가능한 수자원 관리를 가능하게 한다(Global Water Partnership, 2000). 이러한 통합적 접근은 물리적 인프라와 제도적 역량 강화의 균형, 지표수와 지하수의 연계 관리, 자연 기반 해법과 공학적 해법의 조화를 추구하며 불확실성 관리를 위한 적응적 관리 방식의 도입과 다양한 기후를 고려한 의사 결정을 지원한다.

수자원 초분광 영상 촬영 사례

해외에서는 초분광 및 다분광 영상 기술이 수자원 감시의 핵심 도구로 활용되고 있다. 미항공우주국은 페이스(PACE, Plankton, Aerosol, Cloud, ocean Ecosystem) 미션을 통해 대규모 수역의 수질 변화 및 조류 번성을 감시하는 고정밀 초분광 센서 기반 시스템을 운영 중이다(NASA Applied Sciences, 2024). 또 미국 환경보호청(EPA)은 사이언(CyAN, Cyanobacteria Assessment Network) 프로그램을 통해 담수 내 유해 남조류 발생을 조기에 탐지하고 대응하는 체계를 구축했다(United States Environmental Protection Agency, 2023). 나사 어스 옵저버토리(NASA Earth Observatory)는 위성 기반 수자원 감시 사례를 일반 대중과 연구자에게 시각화해 제공하는데, 인도 저수지에 설치된 수상 태양광 발전소, 아르헨티나 도시의 홍수, 미국 대호수 지역의 녹조 번성 등 다양한 수역 변화 사례를 소개하고 있다(NASA Earth Observatory, 2024). 유럽우주국(ESA, 2022)은 코페르니쿠스 프로그램(browser.dataspace.copernicus.eu)의 센티넬-2(Sentinel-2) 위성을 활용해 5일 주기로 20m 해상도의 다분광 영상을 수집하고 있으며, 이를 바탕으로 유럽 전역의 녹조 감시 및 수질 감시가 이루어지고 있다. 더불어 유럽우주국은 차임(CHIME, Copernicus Hyperspectral Imaging Mission for the Environment) 프로그램을 통해 향후 초분광 영상 기반 수자원 및 토지피복 분석을 고도화할 계획이다.

한국에서는 초분광 영상 기술을 활용한 수자원 관리가 점차 확대되고 있다. 한국수자원공사(K-water)는 초소형 위성을 활용해 고해상도 영상을 확보하고, 이를 기반으로 홍수나 가뭄 같은 기후위기에 효과적으로 대응할 수 있는 수자원 관리를 추진 중이다. 또 드론에 초분광 센서를 장착해 하천과 호수에서 조류 분포와 녹조 발생을 실시간으로 감시하는 기술도 연구되고 있다. 이와 같은 무인항공기(UAV, Unmanned Aerial Vehicle) 기반 감시 시스템은 조기 대응과 효율적인 수질 관리를 가능하게 한다. 이러한 기술은 실시간 데이터 기반 의사 결정, 수질 변화 예측, 오염 확산 방지 등 다양하게 활용할 수 있다.

참고문헌

ESA(2022). CHIME – Copernicus Hyperspectral Imaging

Mission for the Environment, https://bit.ly/42kQWMv
Global Water Partnership(2000). Integrated water resources management (TAC Background Paper No. 4). Stockholm, Sweden: Global water partnership, https://bit.ly/3DYOIcr
IPCC(2021). *Climate change 2021.* Cambridge University Press.
NASA Applied Sciences(2024). PACE Science Overview, https://bit.ly/4iHd1ur
NASA Earth Observatory(2024). Water – Topic Index. NASA Earth Observatory, https://bit.ly/3FHpCiJ
United States Environmental Protection Agency(2023). Cyanobacteria Assessment Network (CyAN), https://bit.ly/4c7MPqp

09
다중 분광 영상 기반 농업·식량 관리

기후 변화로 인한 가뭄, 병해충, 고온 스트레스 등은 농업 생산 기반을 위협하고, 식량 부족을 초래하고 있다. 이에 대응하기 위해 다중 분광 위성사진을 분석해 만든 식생지수를 활용해 작물 상태를 정량적으로 분석한다. 크롭 마스킹부터 딥러닝까지 다양한 알고리즘을 통한 농작물 분류와 변화 감지는 정밀 농업, 수확량 예측, 가뭄 조기 경보 등 기후위기 대응의 핵심 기술이다.

AI와 화장품?

기후 변화로 발생한 식량 부족

기후위기는 세계 농업 시스템에 심각한 피해를 주고 있으며, 식량 부족이라는 직접적인 위기로 이어지고 있다. 최근 영국 환경식품농무부는 기후 붕괴로 인해 식량 불안정이 빠르게 증가하고 있다고 경고했으며, 이는 인플레이션, 브렉시트와 함께 영국 내 취약 계층의 식량 접근성을 더욱 약화하고 있다(The Guardian, 2024). 한국 또한 기후 변화로 인한 영향을 피하지 못하고 있다. 감사원 발표에 따르면 정부는 기후 변화 예측 없이 물 · 식량 정책을 추진하고 있으며, 쌀 생산량은 2020년 457kg에서 2060년 366kg까지 최대 20% 감소하고, 2100년에는 어획량이 절반으로 줄어들 수 있다는 전망이다(워터저널, 2023.8.23).

이러한 위기는 단순히 일시적 문제가 아니라, 강수량 감소, 가뭄 빈도 증가, 병해충 확산, 고온 스트레스 등 기후 변화에 따른 복합 재해로 농업 생산 기반이 구조적으로 흔들리고 있다는 점에서 더욱 심각하다. 실제로 유엔식량농업기구(FAO)는 세계 농업용수의 70% 이상이 기후 민감 영역에 속하며, 이로 인해 강수(빗물)에만 의존해 관개 없이 작물을 재배하는 천수 농업이 위협을 받고 있다. 기후 변화로 인한 농업 피해 및 식량 부족 위험에 대응하기 위해서는 공간 기반의 정밀 분석과 예측이 가능한 토지피복 정보의 역할이 결정적이다.

토지피복 기반 농경·식량 관리

토지피복 기반 농경 · 식량 관리는 지표면의 상태와 변화를 위성 영상으로 파악하고, 이를 바탕으로 작물의 재배 현황, 생장 상황, 수확 가능성 등을 과학적으로 분석하는 기법이다. 과거에는 농지 면적이나 작황 상태를 현장 조사에 의존했지만, 오늘날에는 위성이나 드론으로 촬영된 영상 자료를 활용해 넓은 지역을 동시에 관측하고 해석해, 기후 변화, 가뭄, 병해충, 토양 침식 등 농업 환경의 급격한 변화를 빠르게 감지하고 대응할 수 있다. 농업은 생존과 직결된 분야이며, 피복 정보는 농업의 상태를 가장 직관적으로 보여 주는 데이터이므로, 식량 안보와 기후위기 대응을 위해 매우 중요한 수단이다.

다중 분광 위성사진

다중 분광 위성사진은 농업 피복 관리를 위한 핵심 영상 데이터로, 위성뿐 아니라 항공기, 드론, 지상 센서 등 다양한 플랫폼에서 수집된다. 이 자료는 지표면을 다양한 파장의 빛으로 나누어 촬영한 스펙트럼 밴드 형태로 저장되며, 작물 생육 상태, 위치, 이상 징후 등을 분석하는 데 활용된다. 다중 분광 영상은 가시광선 외에도 보이지 않는 파장대를 포함하며, 농업 지역 분류, 수확량 예측 등 다양한 용도에 사용된다. 스펙트럼 밴드는 다중 분광 영상의 핵심 요소로, 가시광선 외에 근적외선, 단파적외선 등이 포함된다. 근적외선은 식생 활력, 단파적외선은 수분 상태 파악에 유용하다. 이들 밴드를 조합해 식생지수, 토지표면수분지수(LSWI, Land Surface Water Index) 같은 식생지수를 계산하며, 이는 작물 건강이나 수분 스트레스 등을 정량적으로 분석하는 데 활용된다. 다중 분광 위성사진에는 고도, 경사도, 촬영 각도, 태양 방위각 등 다양한 공간 정보가 함께 포함된다. 날짜, 해상도, 구름 비율, 좌표계, 정사 보정 여부 등의 메타데이터도 포함되어 있어 영상의 품질과 분석 신뢰도를 높이는 데 중요하다.

다중 분광 위성사진 기반 식생 지수

식생지수는 식물의 생육 상태를 정량적으로 분석하기 위해, 위성이나 드론 영상에서 얻은 다양한 파장의 빛 반사 정보를 조합해 계산하는 값이다. 식생 지수, 향상된 식생 지수(EVI, Enhanced Vegetation Index), 토지표면수분

지수, 정규수분지수, 녹색정규식생지수(GNDVI, Green Normalized Difference Vegetation Index), 식물노화반사지수(PSRI, Plant Senescence Reflectance Index), 토양보정식생지수(SAVI, Soil Adjusted Vegetation Index) 등 다양한 지수가 있다. 이러한 식생 지수는 위성 영상의 여러 빛 파장 데이터를 픽셀 단위로 계산해 만들어지며, 가시광선 RGB(Red, Blue, Green) 색상처럼 각각 하나의 밴드로 저장되어 식물의 생육 상태를 수치로 보여 주며, 지역별 비교나 시간에 따른 변화 분석에 활용된다.

식생 활력도 지수인 정규식생지수는 위성 영상에서 얻은 근적외선(NIR)의 반사도가 적색 가시광선(Red)에 비해 얼마나 높은지를 나타내는 계산값이다. (NIR − Red) / (NIR + Red)로 계산되며, 값이 1에 가까울수록 건강한 식생이고, -1에 가까울수록 물이나 바위 같은 비식생 지역으로 간주된다. 일반적으로 정규식생지수 영상은 값에 따라 초록색(식생), 붉은색(비식생)으로 시각화된다.

향상된 식생지수(EVI)는 정규식생지수보다 대기 산란, 토양 반사, 그림자 영향을 줄이기 위해 개발된 식생지수다. 계산식은 2.5 × (NIR − Red) / (NIR + 6 × Red − 7.5 × Blue + 1)이며, 청색 밴드를 포함해 보정력을 높인다. 값은 -1~1 사이이며, 0.6 이상이면 생장 활력이 높은 것으로 본다. 정규식생지수가 포화되는 밀집 식생 지역 분석에 효과적이나, 공식이 복잡하고, 센서 호환성이 낮은 단점이 있다.

토양보정식생지수는 토양 반사 영향을 반영해 식생이 희박한 건조지나 황폐지에서 식생 활력을 정확히 평가하는 데 유용하다. 정규 수분 지수는 근적외선과 적외선 반사 차이를 이용해 식물의 수분 스트레스나 습지 내 수분 존재 여부를 감지하는 데 적합하다. 지표수분식생지수는 근적외선과 단파적외선을 활용해 논, 습지, 침수 지역의 토양 및 식생 수분 상태를 민감하게 탐지한다. 녹색정규식생지수는 적색 대신 녹색광(Green)을 사용해 엽록소 농도와 식물의 질소 상태를 정밀하게 평가하는 데 활용된다. 노화반응식생지수는 청색, 적색, 근적외선 반사율을 조합해 식물의 노화(황화)나 광합성 저하 등 생리적 스트레스 상태를 진단하는 데 사용된다.

농업·식생 피복 관리용 알고리즘

농업 · 식생 피복 관리를 위한 알고리즘은 크롭 마스킹, 지도 학습, 비지도 학습 같은 기본 분류 기법과 시계열 분석, 딥러닝, 변화 감지 등 고급 분석 기법으로 구성된다.

크롭 마스킹(Crop Masking)은 정규식생지수(NDVI), 토양수분지수 등의 식생 지수를 활용해 농지와 비농지를 구분하는 기법이다. 보통 랜드셋, 센티넬-2 등 다중 분광 위성사진의 근적외선, 적색광선, 단파적외선 밴드를 활용하며, NDVI > 0.3 등의 임곗값으로 이진 분류를 수행한다. 작물 유형은 구분하지 않고 농지 유무만 파악하므로 경작 면적 추정, 농업 지역 범위 분석 등에 쓰이며, 국가 통계 및 정책 자료의 기초로 활용된다. 초기 생육기에는 오차가 커질 수 있어 시계열 분석과 병행되며, 크롭 마스킹은 농업 · 식생 피복 관리용 알고리즘의 탐지 · 전처리 단계에 해당한다. 지도 학습 기반 분류는 정규식생지수, 향상된 식생지수 등의 지수와 다중 분광 밴드를 입력 특성으로 사용해 작물 유형을 분류한다. 랜덤포레스트, SVM, XGBoost 등이 활용되며, 참조 지도 GT(Ground Truth)를 기반으로 훈련된 모델이 특정 작물이나 지역별 특성을 분류한다. 비지도 분류는 사전 라벨 없이 식생지수, RGB, 근적외선 등 밴드 조합을 기반으로 유사한 픽셀을 자동 군집화한다. K-민스(K-means), 민시프트(MeanShift) 같은 알고리즘이 사용되며, 토지 이용 탐색, 신규 경작지 감지 등에 활용된다.

고급 분석 · 예측 알고리즘은 다음과 같다. 시계열 분석은 정규식생지수, 토지표면수분지수 등의 시계열 곡선을 분석해 작물의 생육 주기나 수확 시기를 파악한다. 기울기, 최고점, 면적 등의 변화 양상을 분석해 생장 이상 여부를 감지하며, 계절별 농정 수립에 유용하다. 딥러닝 기반 분류는 CNN 기반의 유넷(U-Net), 레스넷(ResNet) 등을 활용해 RGB, 근적외선(NIR, Near Infrared), 정규식생지수(NDVI, Normalized Difference Vegetation Index) 등 다양한 입력을 학습한다. 작물 자동 분류, 병해 탐지, 정밀 농업에 적용되며, 고해상도와 대규모 라벨링 데이터가 필요하다. 변화 감지는 시기별 NDVI, RGB 등 밴드 차이를 분석하거나 분류 결과 비교를 통해 경작지 변화, 수확 여부, 병해 피해 등을 추적한다. 시계열 분석과 함께 활용되면 자동화된 농업 감시에 효과적이다.

참고문헌

워터저널(2023.8.23) [감사원] "정부, 미래 기후변화 예측없이 물·식량 분야 정책·사업 실시" https://bit.ly/3Fr77PK

The Guardian(2024.12.11). Food insecurity rising in UK because of climate breakdown, Defra report finds. https://bit.ly/4hVRCfU

10
다중 시기 영상 기반 해안 침식 예측

기후 변화는 경사가 완만한 해안의 경우 장기간에 걸쳐 해수면 상승 문제를, 급경사 해안의 경우 단기적인 침식 문제를 동시에 초래한다. 이러한 변화를 예측하기 위해 여러 기간에 걸쳐 촬영된 위성 영상과 그로부터 추출한 수분 지수 등 지표를 활용한 토지피복 분류 기술, 객체 인식 기술이 해안선 변화 분석에 적용되고 있다.

종교와 AI?

기후 변화로 발생한 해안 침식

기후 변화로 인한 해안 침식은 두 가지 측면에서 발생한다. 첫째는 해수면 상승이다. 빙하가 녹고 해수가 팽창하면서 전 지구적으로 해수면이 점진적으로 상승한다. 이로 인해 저지대 해안은 서서히 물에 잠기고, 해안선이 자연스럽게 육지 쪽으로 후퇴하게 된다. 해수면이 상승하면서 퇴적물이 쓸려 나가고 침식이 지속되며, 이때는 침식량보다 수면 상승 속도가 더 큰 영향을 미친다. 인도양 벵골만이나 남태평양의 섬나라들에서는 해수면 상승만으로도 해안이 후퇴하고 있으며, 한국의 서해안처럼 완만한 경사를 가진 해안에서 이러한 현상이 더욱 두드러진다.

둘째는 해안선 침식이다. 이는 기후 변화로 인해 태풍과 폭풍 해일의 강도가 증가하고, 파랑(波浪) 에너지가 커지면서 발생하는 물리적 침식 작용이다. 강한 파도와 조류, 강풍 등이 해안선을 직접적으로 깎아 내며, 단기간에 국지적인 피해를 유발한다. 경우에 따라서는 한 차례의 폭풍으로 해안선이 수 미터 후퇴하기도 하며, 방파제나 제방 같은 인공 구조물의 유무에 따라 침식 정도가 달라지기도 한다. 태풍이 지나간 후 모래사장이 사라지거나 해안 절벽이 붕괴되는 현상은 이러한 침식의 대표적인 사례이며, 한국의 동해안처럼 경사가 급한 해안에서 두드러진다.

결론적으로, 해수면 상승은 해안 침식의 배경이 되는 전 지구적인 원인이고, 해안선 침식은 기후 변화로 인해 강화된 자연재해가 직접적으로 유발하는 결과다. 이 두 현상은 서로 분리된 것이 아니라 동시에 작용하며, 해안 지역의 물리적 변화와 피해를 더욱 가속화하고 있다. 따라서 해안 침식에 대응하기 위해서는 해수면 상승에 대한 장기적인 관측과 함께, 파랑 및 태풍에 의한 직접 침식에 대한 지역 단위의 정밀한 분석이 병행되어야 한다.

해안 침식 분석을 위한 기초 자료

해안 침식 예측을 위한 기초 자료 중 가장 기본이 되는 것은 다중 시기 위성 영상이다. 이는 동일 지역을 서로 다른 시점에 촬영한 영상으로, 해안선이 시간에 따라 어떻게 변화했는지를 관측하는 데 활용된다. 대표적으로 랜드샛(Landsat)과 센티넬(Sentinel)-2 위성 영상이 널리 사용되며, 수십 년에 걸친 영상 자료가 축적되어 있어 장기적인 침식 경향을 파악할 수 있다. 이 영상들은 공간 해상도가 10~30미터로 비교적 넓은 해안선 범위를 안정적으로 분석할 수 있는 장점이 있다. 또한 무료로 접근 가능한 공공 데이터라는 점에서 활용도가 높다.

해안선의 위치를 영상에서 자동으로 추출하기 위해 수분 지수 기반 기법이 활용되며, 대표적으로 정규수분지수가 사용된다. 정규수분지수는 녹색(Green)과 근적외선(NIR) 밴드의 반사도 차이를 이용해 물과 육지를 구분하는 지수다. 이 지수를 적용하면 해수와 육상의 경계, 즉 해안선을 자동으로 식별할 수 있어 수작업 분석보다 효율적이다.

다중 시기 영상에서 해안선을 추출한 후에는 시기별 해안선 위치를 비교해 변화량을 분석한다. 이 과정은 두 시점 이상의 해안선 위치를 중첩하고, 일정 간격으로 측정선을 설정해 해안선 간 거리 차이를 계산하는 방식으로 진행된다. 이를 통해 특정 해안구간에서 후퇴 또는 전진한 거리를 수치화할 수 있으며, 침식 위험 구간을 시각적으로 구분할 수 있다. 특히 이 방식은 변화의 방향성과 속도를 함께 제공하기 때문에 예측 기반 분석에 효과적이다.

디지털 표고 모델(DEM)은 해안 지형의 높낮이 정보를 담고 있는 3차원 공간 자료다. 해안 침식 예측에서는 DEM을 활용해 경사도 분석, 침수 위험 지역 판별, 절벽 붕괴 가능성 평가 등을 수행할 수 있다. 저지대는 해수면 상승에 취약하고, 급경사 지역은 파랑에 의한 침식에 더 취약하므로, DEM은 지형적 취약성 분석의 핵심 자료가 된다. 특히 라이다나 항공사진 기반의 고해상도 DEM은 소규모 해안 단위에서 정밀한 분석을 가능하게 한다.

영상 분석의 정확도를 높이기 위해 영상 정합성 보정이 필수적으로 수행된다. 이는 위성 영상이 서로 정확히 맞물려 비교될 수 있도록 공간 위치를 보정하는 작업이다. 지구 위치의 결정 시스템인 GPS 데이터는 지상 기준점 좌표로 사용되며, 지오리퍼런싱(Georeferencing)은 이를 기반으로 영상의 위치를 실제 지도상에 정렬하는 과정이다.

해수면 상승 예측 자료와 방법

해수면 상승 연구의 목적은 기후 변화로 인한 해수면 높이의 변화가 해안 지역에 미치는 장기적 영향을 파악하고, 저지대 침수 위험과 해안선 후퇴 경향을 예측하는 데 있다. 이 연구는 주로 국가 단위의 정책 수립, 해안 관리 계획, 침수 예측 지도 제작 등을 위해 수행된다. 따라서 관심 초점은 해수면 자체의 움직임과 해안 지형의 점진적 반응에 있다.

연구에 활용되는 자료는 수십 년 이상에 걸친 위성 고

도계 자료, 해수면 상승률 통계, 다중 시기 위성 영상 등이 중심이 된다. 해양 위성의 고도계는 해수면 높이 변화를 직접 측정할 수 있으며, 랜드샛이나 센티넬-2와 같은 중해상도 위성 영상은 해안선의 위치 변화를 장기적으로 추적하는 데 적합하다. 수치 해석을 위한 조석 관측소 자료나 기후 시나리오 기반의 해수면 예측 자료도 함께 활용된다.

분석 방법은 해수면 상승 추세선 분석, 해안선의 후퇴 거리 계산, 저지대 침수 모의 시뮬레이션 등으로 구성된다. 다중 시기 위성 영상에서 추출한 해안선 데이터를 중첩해 변화 방향과 후퇴량을 정량화하고, 디지털 표고 모델을 이용해 침수 위험 지역을 구분한다. 공간 해상도는 보통 10~30미터 수준으로도 충분하며, 분석은 장기 변화 경향을 중심으로 이뤄진다. 정밀한 단기 예측보다는 점진적인 영향 분석과 정책 대응을 위한 공간 정보 구축 중심이다. 최근에는 정규수분지수와 같은 수분 지수를 활용한 해안선 추출에 객체 인식 기반 알고리즘이 적용되어, 장기적인 해안선 위치 변화 분석이 자동화되고 정량화되고 있다. 머신러닝 기반의 이미지 분류 기법은 복잡한 해안 지형에서도 해안선 경계 식별의 정확도를 높이며, 장기 해수면 상승 분석의 정밀도를 향상한다.

해안선 침식 예측 자료와 방법

해안선 침식 연구의 목적은 태풍, 폭풍 해일, 강한 파랑 등 기후 변화로 인한 단기적 물리 작용에 의해 해안 지형이 어떻게 변화하고 있는지를 분석하고, 침식 피해를 사전에 예측하거나 대응 전략을 수립하는 데 있다. 이 연구는 국지적인 피해 진단, 재해 예방 설계, 위험 지역 지정 등을 위한 실용적 분석에 초점이 맞춰진다. 따라서 변화의 규모뿐 아니라 발생 위치, 시기, 속도 등이 중요하게 다루어진다.

사용되는 자료는 고해상도 위성 영상, 드론 영상, 항공사진, 라이다 기반 디지털 표고 모델, 해양 기상 자료 등이 포함된다. 특히 침식이 급격하게 발생하는 지역은 1미터 이하의 고해상도 영상이 요구되며, 침식 전후를 비교할 수 있는 단기 간격의 영상 확보가 중요하다. 태풍 경로, 파고, 조류 방향 등의 해양 기상 자료는 침식의 원인을 해석하고, 특정 조건에서 발생 가능한 피해 추정에 활용된다.

분석 방법은 두 시점 이상의 해안선 위치를 중첩해 침식 거리와 방향을 정량화하는 것이 중심이다. 해안선은 주로 수분 지수 기반 자동 추출(토지표면수분지수, 정규수분지수 등) 또는 수작업 해석으로 도출되며, 이후 정합된 영상 간 거리 분석, 변화량 통계, 침식 위험지 시각화 등이 수행된다. 급경사 지형에서는 DEM을 이용해 절벽 붕괴 가능성이나 해안 단면 변화를 분석하기도 한다. 전반적으로 침식 피해의 공간적 위치와 심각도를 평가하고, 지역 단위 대응을 위한 세부 분석이 강조된다. 해수면 상승에 따른 해안선 이동 분석뿐만 아니라, 단기적 침식 예측에서도 다중 시기 영상 간의 해안선 변화를 정량화하기 위해 객체 추출 기법이 활용된다. 정규수분지수 기반의 자동 해안선 탐지 알고리즘은 영상 간 경계를 정확하게 식별할 수 있어, 침식 거리 계산과 위험 구간 분석의 신뢰도를 높인다.

해안선 침식 예측 서비스

비영리 연구 단체인 클라이밋 센트럴(Climate Central)의 해안위험선별도구(Coastal Risk Screening Tool, coastal.climatecentral.org)는 특정 지역의 해수면 상승 시나리오에 따른 침수 위험을 지도로 시각화해 주는 도구로, 사용자가 빙상 손실량이나 온실가스 시나리오를 조정해 향후 해안선 변화를 예측할 수 있도록 지원한다. 미항공우주국에서 제공하는 해수면 상승 예측 도구(Sea Level Projection Tool, sealevel.nasa.gov)는 기후변화에 관한 정부 간 협의체(IPCC) 6차 보고서(AR6)를 기반으로 세계 해안 도시별 해수면 상승 예측치를 제공하며, 온실가스 배출 시나리오에 따라 연도별 수위를 정량적으로 확인할 수 있다. 미국 해양대기청 NOAA의 해수면상승시각화도구(Sea Level Rise Viewer, coast.noaa.gov)는 미국 해안 지역을 중심으로 해수면 상승 시 침수 위험 지역을 예측할 수 있도록 설계되었으며, 특정 연도(예: 2050년), 해수면 상승 시나리오(낮음~높음), 조석 영향 및 해안선 변화 유무 등 다양한 조건을 설정해 침수 가능 범위를 지도 위에 직관적으로 표시한다. 국제해수면관리센터(PSMSL, Permanent Service for Mean Sea Level. psmsl.org)는 세계 조위 관측소 데이터를 기반으로 한 해수면 이상(anomaly)을 시계열 그래프로 제공해, 과거부터 현재까지의 전 지구 평균 해수면 변화를 분석할 수 있도록 한다. 해양환경공단의 해수면 상승 시뮬레이션(https://bit.ly/3QUJWj2)은 한국의 주요 해안 지역을 중심으로 해수면 상승 시 침수 가능 지역을 예측하며, 연도 및 상승 높이를 설정해 기후 시나리오를 체험한다.

해안선 침식 예측 관련 연구

해수면 상승 관련 연구는 인도 코친과 뭄바이, 미국 텍사스 남부 해안과 북동부 해안 전역, 인도네시아 해안, 아랍에미리트, 방글라데시 남부 순다르반스 지역 등을 대상으로 수행되었다. 이 중 무랄리와 쿠마르(Murali & Kumar, 2015)는 인도 코친 해안 지역을 대상으로, 해수면 상승 시나리오가 토지 이용과 토지피복(LULC, Land Use and Land Cover) 클래스에 미치는 영향을 평가했다. 위성영상과 지리정보시스템 GIS(Geographic Information System)를 기반으로 다양한 해수면 상승 높이(1～2m)를 가정해 침수 가능 지역과 LULC 변화 예측을 수행했다. 결과적으로 습지, 농지, 도시 지역의 상당 부분이 침수될 위험이 있으며, 해안 관리 및 도시 계획의 적응 전략 마련이 필요하다고 제언했다.

해안선 침식 관련 연구는 모로코, 방글라데시, 인도 구자라트, 이집트 로제타, 중국 쑤시창[쑤저우(蘇州), 우시(無錫), 창저우(常州)], 인도 사가르와 하지라, 유럽 연안 지역을 대상으로 수행되었다. 이 중 엘 자줄리 등(El Jazouli et al., 2019)는 모로코 움 에르 르비아강 상류 유역을 대상으로, LULC가 토양 침식에 미치는 영향을 분석했다. 또한, 위성 영상과 GIS 기반 개정된 일반 토양 유실 방정식(RUSLE, Revised Universal Soil Loss Equation)을 활용해 2000년～2018년의 LULC 변화 시나리오와 침식 위험 예측을 수행했으며, 농지 확대와 삼림 감소가 침식 증가의 주요 요인으로 나타났다. LULC와 LULCC(토지 이용과 토지피복 변화, Land Use and Land Cover Change)는 토지 상태와 그 변화를 표현하는 연구 개념이며, LULUCF(토지 이용 변화 및 임업, Land Use, Land-Use Change and Forestry)는 온실가스 산정을 위한 공식적인 정책 용어다.

참고문헌

El Jazouli, A. et al.(2019). Remote sensing and GIS techniques for prediction of land use land cover change effects on soil erosion in the high basin of the Oum Er Rbia River (Morocco). *Remote sensing applications: Society and environment*, 13, pp.361–374.

Murali, R. M. & Kumar, P. D.(2015). Implications of sea level rise scenarios on land use/land cover classes of the coastal zones of Cochin, India. *Journal of environmental management*, 148, pp.124–133.

문혜정

서울과학기술대학교 IT정책전문대학원에서 인공지능과 데이터 분석 관련 박사과정에 재학 중이다. 동 대학에서 컴퓨터공학 학·석사 및 정책학 박사학위를, 동방문화대학원대학교에서 철학 박사학위를 취득했다. 1995년부터 대상정보기술, KCC정보통신, 한솔CSN, 캐논코리아, 아이엘피 등에서 근무했다. 서울과학기술대학교, 한국생산성본부, 세종대학교에서 컴퓨터프로그래밍 및 빅데이터 과정을 강의했다(2009~2023). 주요 연구 분야는 인공지능, 특히 딥러닝과 머신러닝을 활용한 데이터 분석, ICT 정책, 프롭테크, 제자백가, 사행산업 등이다. 정보처리기사, ISO27001 선임심사원(보), CISA, PMP, 정보시스템 감리원, 공인중개사 등의 자격을 보유하고 있다. 주요 저서로는 『The Criteria to Winner』(2010), 『빅데이터와 복권』(2017), 『인공지능과 프롭테크』(2025) 등이 있으며, "인공지능 관련 세계 연구의 의미망 분석"(2021), "프랑스 국토 분류 딥러닝 재연 및 한국 국토의 변화 예측 및 활용을 위한 연구 방안 설계"(2024) 등 국내외에 50편 이상의 논문을 게재·발표했다.